AF524394

Ossi Heindl

Max Esterl und die Rachelnippel

Max Esterls elfter Fall

Impressum

Max Esterl und die Rachelnippel, Band 11

Autor

Ossi Heindl

Layout

Hans Schopf

Umschlaggestaltung

Robert Langer, Ludwigsthal

Herausgeber

Ohetaler Verlag

Wittelsbacherstr. 2 • 94481 Grafenau

www.ohetaler-verlag.de

info@ohetaler-verlag.de

Tel. 08552 4200

in Zusammenarbeit mit

Verein „Karl Klostermannverein – Dichter des Böhmerwaldes e. V."

ISBN 978-3-95511-185-4

Inhaltsverzeichnis

Der Weg
Žel. Ruda
Hurka
Hurkenthal
Bayr.
Böhmisch
Eisenstein
Falken-
stein
Böhmerwald
Großer Regen
Ludwigs-
thal
Spiegelhütte
Zwiesel
Kleiner Regen
Schwarzer Regen
Frauenau
Oberfrauenau

und Sohn
Hasenkopf
Frauenau
Schloss
Otava
Wottawa
Kašp. Hory
Bergreichenstein
Klostermühle
Rejstein
Unterreichenstein
Kieslingbach
Rehberg
Srni
Widra
Vydra
Hauswald-
kapelle
Oblik
Steining-B.
Šumava
Hranice
Grenze

Zum Gebrauch des Dialekts

Im Laufe der Jahre hat sich der Kreis meiner Leser so erweitert, dass viele von ihnen des – zugegebenermaßen - sehr speziellen Bayerwald- bzw. Böhmerwalddialekts nicht mächtig sind. Ich lasse deshalb den Esterl Max und seine Freunde nur in einigen Situationen ihren Dialekt reden, ansonsten aber sprechen sie ein dialektgefärbtes Hochdeutsch.

Die ersten Dialoge allerdings habe ich im alten Böhmerwalddialekt verfasst, der heute fast ausgestorben ist, der mir aber noch sehr deutlich und angenehm im Ohr klingt. Nur den ersten Teil dieser Dialoge habe ich im Anhang auch übersetzt.

Prolog

Die Flucht (Herbst 1946)

„Loss des liegen!“

Franz Hasenkopf, der Meister, bedeutete seinem Buben, dem 16-jährigen Rudi, mit einer Handbewegung, dass er alles Glasmacherwerkzeug zurücklassen sollte.

Rudi, der Lehrbub, weinte.

„Vater, wos soll mer denn toa, ohne Werkzeig? Da kimma ja aa draußt bei de Boiern koa Glos net mocha.“

„A Werkzeig krejgt ma überoll, aber des Glos, wos ma mir mitnehmand, des krejgt ma nirgends mehr. A so a Glos macht heit koana mehr auf da Welt, wia ma´s mia da gmocht hamd, da in der Klostermühle.“

Der Meister packte die Vasen aus dem Musterschrank eine nach der anderen in Papier und verstaute sie vorsichtig in drei großen Rucksäcken.

„De Zeit is vorbei, Bua. Mia mejssma furt! Der bluats Kriag hat olles hi gmocht. Koana is mehr da, der sich um ebbs kümmert. Mia hamma de letztn. Und moagn werdn´s scho kemma, und wenns do hand, dann iss z´spät. Dann nehmands uns ois!

Du kanntst as am End no dalebn, Bua, aber i nimma. I kimm nimma do her zu unsana Gloshüttn. Olle hamds scho vertrieben. Da gonze Böhmerwold is scho so laar, so laar wej, wej…“, dem Meister fiel kein Vergleich ein.

„Wej mei Taller wenn´s an Sterz und a Kraut gebn hat“, versuchte der Bub ein Bild für das schier Undenkbare zu finden.

Der Vater lachte bitter.

„Ejtz hoißt´s Abschied nehma. Abschied für immer!

Da: pack´s ei, des Glos. Steh net a so ummananda. Heit aaf d´Nacht mejss ma no des letzte Mal umme. Des hand wieder sechs Stundn Fuaßmarsch bis aaf d´Grenz. Mit de schwarn Vasn wahrscheinla no mehra. Aber de Vasn, de hand unser Zukunft, dei Zukunft!“

Zwei Mal schon war der Vater in den letzten Tagen über die Grenze nach Bayern gegangen. Zwei Mal hatte er Glas, wertvolles Glas hinüber gebracht und in einem Haus knapp jenseits der Grenze bei Bekannten deponiert. Jetzt wollte er zu seinem letzten Gang aufbrechen und seinen Buben mitnehmen.

Mit seinen rissigen Fingern strich der alte Meister über eine auch noch im Dämmerlicht geheimnisvoll blau irisierende edle Vase.

„De han i no gmocht, da bin i kaam älter gwen wia du ejtz. Des is no de guade Zeit gwen. Da hat unsa Lötz-Glos no an Weltruf ghot.

De und de andern wenn ma vokaffa kinnand, dann kimma aft nei ofanga.“

„Aber Vota, wer hat denn so vej Geld, dass er des ollas kaffa kann?“

„I woaß scho oan. Der hat des Geld. Und der hat aa den Verstand, dass er woaß, wos unser Glos wert is.“

„Und wer is des, Vota?“

„Morgn hamma durt bei eahm, wenn ois guat geht und wenns uns net dawischnd, ummezou über Rehberg und hintre übern Mittagsberg aaf d´Grenz.

„Bei wem, Vota, bei wem hamma morgn?“

„Beim Gistl in Frauenau.“

Bis Rehberg hinauf war es noch ganz gut gegangen. Erst die Ou (Wottawa) entlang, da waren sie noch frisch gewesen.

Der Rudi, der für sein Alter schon recht kräftig war, trug zwei Rucksäcke, der alte Franz einen.

Die ersten zwei Stunden marschierten sie im Finstern den Fluss hinauf, dessen Rauschen den Franz ein Leben lang begleitet hatte. Ihr Häusl, nicht weit entfernt von der Glashütte und der berühmten Spaun-Villa, war an einem kleinen Hang direkt oberhalb der Wottawa gestanden. Hier war der Franz aufgewachsen und sein Leben lang war er gut Freund mit den schwarzen Wassern gewesen, auch wenn diese manchmal im Frühjahr bedrohlich angewachsen waren, weiße Schaumkronen aufgesetzt hatten und immer wieder auch Stücke seines kleinen Gartens mitgenommen hatten.

Oft war er mit seiner Frau Maria am Abend auf dem Hausbankl gesessen und sie hatten hinuntergeschaut auf die Fluten und die Maria, die im Glasmacherdorf Eleonorenhain an den Ufern der Moldau aufgewachsen war, hatte ihr Lieblingslied angestimmt:

„Auf d´Wulda, auf d´Wulda,

scheint d´Sunna so gulda…“

Und dann hatte er, der Franz, mit seinem Tenor, die Überstimme zum Refrain gesungen:

„Da schwimmand de Scheiter talab allweil weiter,

und koans kimmt mehr zruck.“

Franz liefen die Tränen durch seinen weißen Bart.

Zum Glück musste seine Maria das alles nicht mehr erleben. Vor fünf Jahren, im Anfangsjahr des großen Krieges, als alle noch begeistert waren vom großen Führer, da hatte der Franz seine Gattin beerdigen müssen.

Er selber hatte sich zurückgezogen. Als junger Glasmacher, damals in Deffernik war er Sozialdemokrat gewesen und das war er in seinem Herzen auch geblieben. Mit dem

Henlein- und Hitlerkult, der aus dem Reich in den Böhmerwald geschwappt war, hatte er nichts anfangen können. Zum Glück war er schon zu alt und sein Bub noch zu jung gewesen. Keiner von ihnen hatte in den Krieg ziehen müssen.

Der Krieg war verloren gegangen und sie mussten ihre Heimat verlassen, weil die Sieger es so wollten.

Und jetzt waren sie auf dem Weg hinüber. Hinüber nach Bayern. Hinüber in eine ungewisse Zukunft.

Zwischen Rehberg und Stubenbach, kurz hinter der Moosau, hörte der Alte ein Geräusch, das nicht hierher in die Stille der Böhmerwaldnacht passte.

Franz stoppte, der Rudi, der wie in nächtlicher Trance hinter ihm hergegangen war, wäre bald in ihn hineingelaufen.

„Wos is, Vota?"

„Psscht! Bi staad! Da kimmt ebbs."

Schweigend verhielten die beiden einige Augenblicke.

Da! Jetzt hörte es der Rudi auch. Ein Wunder, dass der Vater, der sich die letzten Jahre mit dem Hören immer schwerer getan hatte, das Geräusch vor ihm wahrgenommen hatte.

Motorengeräusch war das. Ein Lastwagen.

Den Straßengraben zu queren war gar nicht so einfach mit ihrer Last, die noch dazu ebenso zerbrechlich wie wertvoll war.

Während Vater und Sohn hinter einer alten Fichte Zuflucht suchten, näherten sich die Geräusche und bald schon sahen die zwei auch Scheinwerferlicht, das seinen Weg durch den Wald suchte.

Ganz dicht drückten sie ihre zitternden Leiber an den Fichtenstamm, der zum Glück einen solchen Umfang hatte, dass sie beide hinter ihm verschwanden. Rudi war mit den Fingern seiner rechten Hand in ein Rinnsal von Baumpech geraten, das ihn direkt am Stamm kleben ließ. Aber er achtete nicht darauf, denn die Scheinwerfer des Fahrzeugs, es schien ein alter deutscher Wehrmachtslastwagen zu sein, leuchteten für kurze Zeit genau in ihre Richtung. Wenn die tschechische Grenztruppe sie erwischt hätte, dann wären sie beide wohl im Gefängnis oder – noch schlimmer - in den Bergwerken gelandet, von denen sie in der letzten Zeit öfter gehört hatten.

Ihre schwere Straftat, der illegale Grenzübertritt, würde noch um ein Vielfaches verschlimmert werden durch ihren Raub des Volksvermögens und keiner würde es ihm, dem Franz Hasenkopf, Glasmacher aus Klostermühle, glauben, dass fast die Hälfte der Vasen von ihm selber gefertigt worden und in seinem Privatbesitz war.

Während sich der Lastwagen Richtung Rehberg entfernte, kamen die zwei Glasmacher hinter dem Baum hervor, der ihnen Schutz gewährt hatte, querten den Straßengraben und marschierten weiter. Rudi wischte sich die vom Baumpech klebrigen Hände an seiner tscherkenen Joppe ab.

„Glei doama rastn, Rudi“, beschied der Glasmacher seinem Sohn. „Da, vor der Hauswaldkapelln, da is a Bankerl, da kimma uns a paar Minutn hisetzn und du kannst wos essn.“ Ihm selber war nicht nach Essen, aber der Bub brauchte sicher eine Stärkung.

Die Rast an der Hauswaldkapelle hatte der Franz ganz bewusst gewählt.

Dort hatte er, vor vielen Jahren, seine Maria kennen gelernt, am Frauentag, bei der großen Wallfahrt hierher.

Aus dem ganzen Böhmerwald und sogar aus dem Bayerischen waren damals die Pilger alljährlich zu Mariae Himmelfahrt hierher gekommen, nach Rehberg, dem kleinen Kirchdorf im höchsten Böhmerwald.

Auch er war von der Klostermühle hier herauf gekommen, allerdings weniger aus religiösem Anlass.

Franz hatte zwei seiner Lehrjahre bei einem mit seinem Vater gut bekannten Meister an der Glashütte in Hurkenthal abgeleistet und dort mit dessen Sohn Michael Freundschaft geschlossen, eine Freundschaft, die sie beide jedes Jahr bei der Hauswaldkirchweih neu bestätigten.

Im Jahre 1926, er hatte sich in der Klostermühle gerade eine Position als bester unter den Nachwuchsglasmachern erworben, machte sich Franz wieder auf zur Hauswaldkapelle. Zu seiner Verwunderung hatte sein Freund Michael diesmal Gesellschaft. Mit den Hurkenthalern, die immer in einer größeren Gruppe in den Nachbarort Rehberg kamen, war auch ein Mädchen gekommen, das dem Franz ausnehmend gut gefiel.

Ihr Lachen, bei dem kleine Grübchen auf ihren Wangen erschienen, ihr bescheidenes und doch selbstbewusstes Auftreten, alles an ihr ließ in Franz ein Sehnen aufkommen, das er bis dahin noch nie so stark gespürt hatte. Und als der nicht mehr so ganz junge Glasmacher nach einiger Zeit merkte, dass die Maria nicht die Freundin vom Michael, sondern dessen Base aus dem über einen Tagesmarsch entfernten Eleonorenhain war, da nahm er sein Herz in die Hand und forderte sie auf zum Kirchweihtanz.

Aus dem einen waren viele Tänze geworden und ein Jahr später verlobten sich die beiden an der Hauswaldkapelle und wieder ein Jahr später wurden sie in Unterreichenstein getraut.

An all dies musste Franz denken, als er hier, kurz vor Mitternacht, auf einer der Bänke für die Wallfahrer saß, an der kalten Kirchenmauer lehnte und hinaussah in eine Zukunft, die ihm so ungewiss schien wie die Finsternis, die sie beide, Vater und Sohn, umgab.

Den Vater überkam ein dringendes Bedürfnis:

„Ejtz bet ma, Bua!"

„Jo, Vota, ejtz kimma a Helf braucha!"

Der Sohn murmelte ein Vaterunser, der Vater sprach die Gebetsworte auch, aber seine Gedanken waren woanders:

Was waren das für Zeiten, in denen man bei Nacht und Nebel seine Heimat und das Grab seiner Frau verlassen musste und nicht einmal das mitnehmen durfte, was einem das Wertvollste war? Wie oft hatte der Franz in den letzten Wochen darüber nachsinniert, wie es dazu hatte kommen können.

Er war bestimmt kein Parteigänger von Henlein und auch kein Anhänger Adolf Hitlers gewesen. Den Anschluss des Sudetenlandes 1938 ans Reich allerdings, das musste er zugeben, hatte er nicht ungern gesehen.

Aber das, was der Hitler danach anstellte, das hatte den Franz angewidert. Erst wurden alle mundtot gemacht, die anders dachten. Der Seidl aus Unterreichenstein, ein alter Sozi, war zweimal wegen despektierlicher Äußerungen eingesperrt worden, auch ihn, den Franz, hatte man gewarnt, als er sich im Hüttenwirtshaus, das er eh nur selten besuchte, eine ganz vorsichtig-kritische Bemerkung gestattet hatte.

„Is vorher aa net ois schlecht gwen", hatte er gesagt, mehr nicht.

Dann verschwanden nach und nach die Juden, von denen es gerade im Böhmerwald, in der Hartmanitzer Gegend, viele gab, und es kam der unsinnige Krieg, der mit den Jahren ständig noch schrecklicher wurde, der Terror im benachbarten böhmischen Protektorat, von dem immer wieder hinter vorgehaltener Hand erzählt wurde: Das alles bereitete dem Franz schlaflose Nächte, die mit dem plötzlichen Tod seiner geliebten Frau Maria im 1940er Jahr noch schlimmer wurden.

Franz fröstelte, und er konnte nicht sagen, ob es die kalte Herbstnacht war, die ihn erschauern ließ, oder die Gedanken an seine und seines Buben ungewisse Zukunft.

„Pack mas wieder, Bua!“

„Ja, Vata. Iss no weit bis af d´Grenz?“

Zum Glück war dem Franz die Gegend, durch die sie jetzt mussten, schon seit Langem vertraut. Während seiner Lehrzeit in Hurkenthal waren sein Freund Michael und er an den Sonntagen oft schon in aller Herrgottsfrüh aufgebrochen und durch den Böhmerwald gewandert, der rund um Hurkenthal, Stubenbach und Rehberg am wildesten und ursprünglichsten war. Ihre Wege führten sie hinauf zum nahen Lakasee, hinüber ins Bayerische zum Falkenstein und zum Geierhäusl. Sie suchten den Weg über Mader am Lusenbach entlang bis zum Pürstling, dem romantisch liegenden Försterhaus, wagten sich auf den mächtigen Felsenkobel des Lusen, marschierten zurück nach Mader mit seinen kreischenden Sägewerken, kehrten danach im Gasthaus zum Auerhahn ein und hatten dann noch die Kraft, über den Mittagsberg zurück nach Hurkenthal zu gehen.

Auch den Weg über die Grenze hinab nach Buchenau und weiter nach Frauenau hatten sie einige Male genommen. Ein Onkel vom Michael hatte als Glasmacher in Frauenau gearbeitet, in der Gistlhütte. Stolz hatte er seinem Besuch aus dem Böhmerwald die Hütte gezeigt. Michael und Franz hatten nicht schlecht gestaunt über die riesige, moderne Glasfabrik, die der berühmte Kommerzienrat Gistl da in Frauenau aus dem Boden gestampft hatte.

„Kommt nächsten Samstag, da ist Tanz im Gistlsaal. Bei mir kinnt´s übernachten.“

Die zwei Freunde waren überwältigt gewesen von dem, was sie am nächsten Samstag erlebten. Einen Saal wie den Gistlsaal hatten sie ihr Lebtag noch nicht gesehen. Über fünfhundert Leute fasste dieser riesige Raum, mehr als Hurkenthal Einwohner hatte, und er war voll bis zum letzten Platz.

Glasmacher mit ihren Frauen, ganze Gruppen von jungen Leuten, fesch herausgeputzt, manche sogar in ihren bayerischen Trachten. Und ein Tisch mit geschniegelten Herren im Frack oder Anzug, die Damen waren fein in Schwarz gekleidet und dem Franz schien es eine ganz andere Welt, in die er da gekommen war.

Ein ganzes Geschwader von Bedienungen mit einheitlich weißen Schürzen sorgte dafür, dass den Glaserleuten das Bier nicht ausging, die Schenkkellner hatten alle Hände voll zu tun.

Über die Tische hatten sich Rauchschwaden gelegt, es herrschte ein Lärm in dem Saal, dass man das eigene Wort kaum verstand, die Leute scherzten und lachten, Franz und Michael, die so etwas noch nie erlebt hatten, wussten gar nicht, wohin sie ihren Kopf wenden sollten, so viel gab es zu schauen.

Und zu hören:

Die Kapelle auf dem Podium spielte einen Tusch und ein Herr stand vom Tisch der feinen Leute auf, legte seine Zigarre in den Aschenbecher und bewegte sich auf die Bühne zu. Es fiel ihm schwer, die vier oder fünf Stufen hinauf zu nehmen. Der Herr im schwarzen Anzug war dick, gewaltig dick und mächtig. Sein Gesicht, das wie eine Mondscheibe aussah, zierte ein sorgfältig aufgezwirbelter schwarzer Schnurrbart.

„Des is der Gistl, äh, der Kommerzienrat Gistl“, verbesserte sich der Onkel, „der Hüttenbesitzer und der reichste Mann im ganzen Umkreis. Siebenhundert Leut hand beim Gistl beschäftigt, und heut hand fast olle da!“

Der Kommerzienrat sah auf seine schwere Uhr, die an einer goldenen Kette über seinem riesigen Bauch hing, machte eine einzige Handbewegung und es war ruhig im Saal.

Auch als der Kommerzienrat sprach, war es mucksmäuschenstill. Man merkte, dass die Glasmacher Respekt hatten vor dem Dicken…

„Hoffentlich kafft er unser Glos!“

Der Junge hatte den Stoßseufzer seines Vaters gehört.

„Wer kafft unser Glos?“

„Des wirst na scho sehgn, wenn ma in Frauenau hand, geh nur zou, in ana Stund kemma af d`Grenz hi.“

Seit einer halben Stunde wateten sie durch dichtes Reischgras, das jetzt, im Herbst, schon eine braune Färbung angenommen hatte. Franz wusste, dass die Grenze nicht mehr weit war. Gerade hier aber musste man ganz besonders aufpassen. Überall konnte eine tschechische Patrouille herkommen, nichts war sicher. Wie ein Spürhund witterte er nach allen Seiten. Nichts zu sehen und nichts zu hören, außer den tiefen, röhrenden Brunftschreien der Hirsche, die sie nun schon seit geraumer Zeit begleiteten und die jetzt, kurz vor der Morgendämmerung immer vereinzelter erklangen und schließlich ganz erstarben.

Zum Glück war es noch so finster, dass man die einzelnen Fichten, die der rauen Natur in der Moorlandschaft hier heroben auf über elfhundert Metern Höhe trotzten, nur schemenhaft wahrnehmen konnte und zum Glück hatte sich über die geheimnisvolle Feuchte der Moore und Filze bis hin zum Grenzbach ein feiner Nebelschleier gelegt.

„Da is des Grenzbachl, ejtz hammas gschafft.“

Ein tiefer Seufzer der Erleichterung entrang sich dem Franz, als sie das schmale Bächlein querten.

„Ejtzt hamma herausd und brauchma koa Angst mehr haben.“ Ein paar hundert Meter legten sie dennoch zwischen sich und die Grenze, ehe sie kurz anhielten, um durchzuschnaufen.

Nach einer Viertelstunde erreichten Vater und Sohn ein aus Steinen und Holz gebautes Haus, das sich inmitten einer großen Lichtung befand und von den ersten Strahlen der Sonne beleuchtet wurde, die hinter dem Mittagsberg hervorzuluren begann.

„Des is s´Schachtenhaus“, erklärte der Vater. „Da hamma da Mich und i öfter eikehrt, wemma ins Boiern umme hand. De Frau Treml da is a Vowandtschaft vo eahm.“

Zur Frau Treml hatte der Franz das Glas gebracht, das er in der letzten Woche herübergepascht hatte. Sie hatte versprochen, es zu lagern, bis der Franz mit seinem Buben kommen würde. Heute war es soweit.

„Wird no neamd aaf sei, da herobn!“, fuhr der Vater mit gedämpfter Stimme fort. „Wird aber aa nimma lang dauern, bis´s aafstehnand.“

Er legte seinen Rucksack vorsichtig neben der Hausbank ab und bedeutete dem Rudi, das Gleiche zu tun.

Dann zog er seinen Tabaksbeutel heraus, setzte sich auf die Bank und stopfte sich eine Pfeife, während der Rudi wolfshungrig über die Reste ihrer Wegzehr herfiel.

Wer die zwei so gesehen und nicht gewusst hätte, was sie hinter sich und was sie vorhatten, der hätte das Bild für eine Idylle halten können:

Zwei Männer, Vater und Sohn saßen da auf einer raugezimmerten Holzbank mit dem Rücken an einer aus blanken Feldsteinen gemauerten und teilweise verputzten Hauswand.

Die sich am weißen Verputz rosa abzeichnende Frühsonne begann gerade, die Feuchte der Nacht vom roten Blechdach des Holzhauerhauses zu lecken.

Die Blicke der Männer, die schweigend dasaßen, richteten sich nochmals gen Osten, ihrer nun verlorenen Heimat zu, wo die Farbe des Himmels über der noch im Dunkel liegenden Westflanke des Mittagsbergs immer heller wurde und sich innerhalb von Minuten von einem verwaschenen Grauton in ein zartes, ganz sanftes, helles Blau verwandelte.

Franz musste an die Glasvasen denken, die er in der Zeit seines Berufslebens so kunstvoll gefertigt hatte. Auch sie hatten oft in diesem zarten Blau geschimmert, auch sie leuchteten geheimnisvoll irisierend. Würde er jemals wieder solche Vasen machen können? Er war ein guter Glasmacher, einer der besten, er würde sicher auch in Bayern wieder Arbeit finden. Aber solche Gläser? Die würde er bestimmt nimmermehr erschaffen können.

Die Grüße, die die nun schon kräftigere Sonne aus dem Osten sandte, kamen ihm jetzt vor wie endgültige Abschiedsgrüße und Franz wurde mit einem Mal klar, dass er seine Heimat, den Böhmerwald, nie mehr sehen würde: Er musste alles abschütteln, musste in die Zukunft schauen, für sich und vor allem für seinen Sohn Rudi, der sein Leben noch vor sich hatte.

Nun, da der alte Glasmacher mit sich im Reinen war, schaute er nach Westen, dorthin, wo ihre Zukunft lag, und er sinnierte, wie diese Zukunft wohl ausschauen würde.

Er sah, wie der Schein der Sonne auf den Ostflanken der bayerischen Berge, die vor ihm lagen, langsam von oben nach unten wanderte, je höher der Planet über den Mittagsberg stieg:

Der Kiesruck begann in einem warmen Orangeton zu leuchten, ebenso der neben diesem liegende Hahnenbogen. Aus der wie mit Scheinwerfern bestrahlten dunkelgrünen Fichtenmauer hoben sich wieder und wieder rote, gelbe, bunte Flecken heraus. Buchen, Bergahorn und Birken bildeten Farbtupfer in der grünen Wand, Farbtupfer, die dem gerade heute so zart besaiteten Glasmacher aus der Klostermühle wieder Hoffnung und Mut gaben.

„In Gott´s Nam!", sagte der Franz mehr zu sich selber als zu seinem Buben und in dem selben Augenblick hörten sie, wie sich im Inneren des Schachtenhauses etwas rührte. Die Bewohner waren erwacht und bald öffnete sich knarrend die Haustür. Die Frau mittleren Alters, die herausschaute, schien nicht besonders überrascht von dem frühen Besuch.

„I bring enk ebbs z´Tringa. An Kaffee hamma net, aber a woame Mill kinnts hab´n. Der Adolf bringt enks glei."

Fünf Minuten später kam ein etwa achtjähriger Bub mit einem in der Kälte heraußen dampfenden irdenen Milchkrug und zwei Tassen, die er den beiden Gästen in die Hand drückte.

„Gelt´s Gott!"

„Segn´s Gott!"

Dann verschwand der Adolf wieder. Dafür kam kurze Zeit später seine Mutter. Sie musterte Vater und Sohn, warf einen Blick auf ihre Rucksäcke und beschied dem Franz freundlich aber bestimmt, dass er seine Glasware, die er in der letzten Woche hier heraufgebracht hatte, in den nächsten Tagen zu holen hätte.

„Dei Glas steht uns im Weg. So vej Platz hamma ned da drinnad."

Franz kramte in seinem Rucksack und holte ein Stück Glas heraus, einen schönen Trinkbecher. „Als Dank für´s Aufheben und für´s Aufpassen auf´s Glas!", sagte er zu der Frau und drückte ihr, als sie abwehren wollte, den Becher in die Hand.

Dann versicherte Franz der Frau, dass er mit dem Buben schon am nächsten Tag kommen und das restliche Glas holen würde, worauf diese zufrieden nickte.

„Der Adolf geht ejtz nachand in d´Schui awe in d´Spiaglhüttn. Der kann enk an We zoign. Wo miasst´s an hi?"

„Aaf Frauenau."

„Dann geht´s mit eahm des erste Stückl Wegs mitananda und er zoigt enk, wou´s owegeht af Buchenau. Vo durt aus iss dann no a guate Stund bis in d´Au."

Die kurze Rast hatte den Männern gut getan und sie machten sich gemeinsam mit dem Schulbuben auf den Weg ins Tal.

Der kleine Adolf war ein schlaues Bürschlein.

Er erzählte den zwei Glasmachern auf seinem Schulweg, dass es nicht selten vorkam, dass Leute aus Böhmen bei ihnen einkehrten und geschmuggeltes Gut im Schachtenhaus deponierten.

Nach etwa zwanzig Minuten wies er den Hasenkopfen den Weg:

„Da miasst´s ejtz awe, nach links. In ana hoibn Stund hatts in Buchenau, dann wieder links umme in d´Au."

Der junge Hasenkopf hatte große Augen gemacht, als er und sein Vater an einem riesigen, prachtvollen Schloss vorbeigekommen waren, das links oberhalb des Weges lag.

„Des ghört am Baron Poschinger", klärte sein Vater den Buben auf, dem vor Staunen der Mund offen stand. Der hot aa r a Hütt´n, zu dem gemma, wenn der Gistl nix zoin mag."

Der alte Hasenkopf hatte diesen Satz ganz leicht dahingesprochen, um den Rudi nicht zu verängstigen.

In Wirklichkeit war er sich nämlich keineswegs so sicher, dass der Gistl auch bereit war, das Geld herauszurücken, das die Glasware wert war.

Die Zeiten waren schlecht, niemand brauchte Luxusglas und kaum jemand hatte genügend Geld, um sich einen größeren Posten davon zu leisten. Und, der Franz musste das zugeben, die Lötz-Gläser aus der Klostermühle hatten sich in den letzten Jahren nicht mehr gut verkauft.

Aber man sagte dem Kommerzienrat Gistl nach, dass er sowohl sehr kunstsinnig als auch durchaus großzügig sei.

„Der Gistl mocht uns scho an guatn Preis, wirst sehgn!“, versuchte der Hasenkopf seinen Sohn und damit auch sich selber zu beruhigen.

Der Onkel von seinem Freund Michael, bei dem sie vor Jahren in Frauenau übernachtet hatten, war zwar in der Arbeit, aber seine Frau erkannte den Franz wieder. Sie schien nicht überrascht und sie zögerte nicht, dem Freund ihres Lieblingsneffen und dessen Sohn zu helfen und das Glas, das diese mitgebracht hatten, in ihrer Wohnung zu lagern.

Gleich danach waren Vater und Sohn schon wieder unterwegs, um das restliche Glas vom Schachtenhaus nach unten zu holen.

Jetzt, am Nachmittag, klopften zwei steinmüde und erschöpft aussehende Gestalten mit vollbepackten Rucksäcken an die Tür des Hüttenbüros, zu dem die hilfsbereite Tante ihnen den Weg gewiesen hatte.

Die blutjunge, hübsche Sekretärin im Hüttenbüro wies die böhmischen Glasmacher auf eine Bank vor dem Büro. Franz und Rudi saßen eine halbe Stunde dort auf dem Gang, in dem es nach frischem Bohnerwachs roch und drehten ihre Hüte in den Händen.

„Der Herr Kommerzienrat is na in ana Besprechung“, hatte die Sekretärin, ein Fräulein Kapfhammer, gesagt. „Wenn er fertig ist, rufe ich sie.“

***

Sein Herz klopfte bis zum Hals, als Franz Hasenkopf vor dem Schreibtisch stand, hinter dem der wuchtig-große alte Hüttenherr in einem breiten, mit dunklem Leder bezogenen Lehnstuhl saß und eine dicke Zigarre rauchte. Vor Schreck und Ehrerbietung fiel der Franz ins Hochdeutsche. Auch sein Sohn erschrak. Noch nie hatte er seinen Vater anders reden hören, als im Böhmerwalddialekt.

„Entschuldigung, Herr Kommerzienrat und Dank dafür, dass sie uns anhören wollen und, und empfangen haben. Ich bin der Meister Hasenkopf Franz von der Klostermühle.“

„Lötz-Glas. Aha!“, brummelte der Herr Gistl mit Kennermine, nahm seinen silbernen Zwicker ab und visitierte Vater und Sohn genau. Nach einer Weile fuhr er fort: „Wenn´s an Arbeit suachts, dann seid´s ihr umsonst da bei mir. I han z´toa, dass i für meine Leit gnua Arbeit find. De Zeiten hand schlecht.“

Dem Rudi rutschte das Herz fast in die Hose. Nie würde der Herr Gistl das Glas kaufen, der nagte doch, wie es schien, selber am Hungertuch. Obwohl er persönlich nicht so aussah, als würde es ihm an irgendetwas fehlen, am wenigsten am Essen. Das verrieten auch die Essensspuren, braune Krümel einer Breze und Salzkörner, die die scharfen Augen des Buben am Revers der schwarzen, geöffneten Anzugjacke und auf dem knapp sitzenden, den riesigen Bauch des Glasfabrikanten umspannenden Gilet entdeckten.

Ein wenig milderte der Kommerzienrat, der gerade Brotzeit gemacht hatte und entsprechend gut aufgelegt war, seine deutlichen Worte ab. Er wandte sich an den alten

Glasmacher: „Ich hab schon gehört von ihm, er ist einer der besten gewesen in der Klostermühle. Und jetzt wird dort zugesperrt?“

„Ganz noch nicht, aber mir alle hamma…, sind gegangen, i bin der letzte gewesen, alle sind schon furt.“

„Wohin??“

„Auf Kufstein in Tirol. Da hand scho de meisten von uns und da soll´s wieder an Arbeit gebn.“

„So, so…!“

Der Kommerzienrat überlegte eine Weile.

„Und was möchte er dann von mir, wenn er keine Arbeit sucht? Ein Quartier kann er für ein paar Tage bekommen.“ Der Kommerzienrat warf einen Seitenblick auf den wie ein Häuflein Elend vor dem riesigen Schreibtisch stehenden Rudi. „Und sein Bub auch.“ Ein Lächeln zeigte sich im runden Gesicht dieses gewaltigen Mannes.

„Geht´s ausse zum Fräulein Kapfhammer, die soll euch einquartieren, sie weiß schon wo und soll dafür sorgen, dass ihr was Gscheites zum Essen kriegt.“

Der Herr Gistl betrachtete das Gespräch für beendet und wollte schon dem Fräulein Kapfhammer Bescheid geben, als der Hasenkopf sich räusperte:

„Mit Verlaub, Herr Kommerzienrat, da wäre noch was…!“

Der Kommerzienrat hatte nicht schlecht gestaunt, als die zwei Glasmacher ihre Rucksäcke öffneten.

Natürlich war ihm sofort klar gewesen, welche Schätze er da vor sich sah. Die größte Sammlung von Jugendstil- und Sezessionsglas, die er je gesehen hatte. Und die zwei Böhmerwäldler hatten gesagt, sie hätten noch mehr davon.

„Fräulein Kapfhammer“, beschied er der Sekretärin, „die nächste Stunde keinen vorlassen!“

Jede Vase, jede Schale und jeden Pokal nahm der Kommerzienrat in die Hand, schaute, prüfte und staunte. Manchmal pfiff er anerkennend durch die Lippen oder brummte ein „Aha", während die zwei Glasmacher mit ihren Hüten in der Hand dastanden und zuschauten.

Nachdem der Dreieinhalbzentnermann Isidor Gistl mit einer Behutsamkeit, die man diesem Koloss nicht zugetraut hätte, alle Glasobjekte in die Hand genommen und begutachtet hatte, wandte er sich an den Franz.

„Ich hätte schon Interesse an dem Glas, aber das ist fast alles Jugendstil und Art deco. Wer kauft denn heute noch Jugendstil? Die Kunden wollen moderneres Glas. Edel geschliffenes Glas, so wie das unsere."

Nochmals zwickte der Kommerzienrat die silbernen Augengläser auf seine fleischige Nase.

„Schön gemacht, ganz bestimmt. Das hat euch damals keiner nachmachen können, aber heute? Und noch was."

Der Kommerzienrat setzte einen kritischen Blick auf.

„Ist es tatsächlich so, dass euch das Glas alles gehört? Dass ein Glasmacher viel Glas daheim hat, das kann schon sein. Aber so viel und solche Stücke? Das ist schon ungewöhnlich!"

Vor dieser Frage hatte sich der Hasenkopf die ganze Zeit gefürchtet. Erst druckste er herum, aber dann brach es aus ihm heraus:

„Herr Kommerzienrat, ich will ganz ehrlich sein, es geht ja nicht anders:

Die Hälfte der Stücke ist von mir, die sind mein Eigentum. Die andere Hälfte…" Eine Pause trat ein. Rudi sah, wie ein Ruck durch seinen Vater ging, wie der die unterwürfige Haltung, die er bis jetzt gezeigt hatte, abschüttelte und ganz ruhig, ganz klar und in schönstem Hochdeutsch antwortete:

„Hätte ich die Musterkollektion den Kommunisten überlassen sollen, die sich einen Jux daraus gemacht und das schöne Glas des kapitalistischen Erzfeindes zerschlagen hätten, wie es in der Wasserhütte passiert ist? Das habe ich nicht übers Herz gebracht. Keiner der Besitzer war mehr da, alle sind vorher schon stiften gegangen. Was hätte ich tun sollen und warum soll ich mir jetzt die Stücke nicht zu meinem Eigentum rechnen lassen? Ich sehe darin kein Unrecht."

„Das stimmt, Hasenkopf, und das stimmt auch wieder nicht. Es ist richtig, dass er das Glas gerettet hat. Ob es aber Recht ist, das ist zu bezweifeln.

Die Stücke, die er gemacht hat, die werde ich ihm ordentlich bezahlen. Heutzutage macht sich zwar niemand mehr etwas aus dem Jugendstil, aber wer weiß, vielleicht kommen auch wieder andere Zeiten…

Die Stücke aus der Mustersammlung, die kann ich eigentlich gar nicht verkaufen." Isidor Gistl zog an seinem Revers und an seiner mittlerweile schon erkalteten Zigarre.

„Ich bin der größte Glasfabrikant hier und ich habe einen guten Ruf. Den besten. Ich kann kein Glas kaufen, wenn die Besitzverhältnisse dafür nicht geklärt sind."

Jetzt erwies sich, zur Überraschung des Buben auch sein Vater Franz Hasenkopf als harter Verhandler.

Er begann, die Vasen wieder einzuwickeln und bat den Rudi, sie in die Rucksäcke zu packen.

Der Kommerzienrat schaute dem keine zwei Minuten zu.

Er zog zwei-, dreimal an seiner Zigarre, seinem mächtigen Brustkorb entrang sich ein tiefes Stöhnen, dann sagte er mit einer Stimme, die keinen Widerspruch zuließ:

„Fünfhundert Mark."

Franz Hasenkopf packte ruhig weiter ein. Dem Rudi schwirrte der Kopf. Hatte nicht sein Vater gesagt, wenn er einen Fünfhunderter kriegen könne, dann wäre er schon zufrieden? War der Vater jetzt übergeschnappt? Rudi wollte seinem Vater, der beim Einpacken immer wieder stumm seinen Kopf schüttelte, einen Stoß geben um diesen zum Einlenken zu bewegen.

Schon war einer der Rucksäcke wieder vollgepackt und Rudi begann ihn zu verschnüren.

Isidor Gistl nahm seine Zigarre aus dem Mund. Kritisch, aber wohlwollend betrachtete er die zwei Glasmacher aus dem Böhmerwald.

„Achthundert!"

Rudi glaubte nicht recht zu hören.

„Und fünf Stangen Zigaretten. Amerikanische." Die Stimme seines Vaters klang belegt, aber sehr bestimmt. War sein Vater verrückt? Amerikanische Zigaretten waren in dieser Zeit das beliebteste und stabilste Zahlungsmittel, hatte ihnen der Onkel Julius berichtet, der zweimal aus dem amerikanischen Sektor zurück nach Klostermühle gekommen war, um noch Wertsachen nach drüben zu schmuggeln.

„Das dauert aber ein paar Tage, bis ich das Bargeld und vor allem die Zigaretten beschafft habe." Der Glasfabrikant zwirbelte seinen Schnurrbart: „Ich weiß gar nicht, warum ich mir das antue mit dem Glas. Die Musterkollektion aus der Klostermühle muss ich eigentlich verstecken, sonst werden womöglich Besitzansprüche durch irgendeinen Rechtsnachfolger geltend gemacht. Das was euch selber gehört, das ist schon legal, aber im Moment kaum verkäuflich, das kann ich gleich dazu lagern."

Der Kommerzienrat schüttelte den Kopf, dass sein ausladendes Doppelkinn nur so schwappte.

„Aber ich bin nun einmal ein Glasnarr. Und das muss ich zugeben, auch wenn es nicht beim Gistl entstanden ist: Ein schöneres Glas ist kaum jemals produziert worden."

Mit diesen Worten gab der siebenundsiebzigjährige Fabrikant Isidor Gistl aus Frauenau dem zwanzig Jahre jüngeren Glasmacher Franz Hasenkopf aus Klostermühle, Post Unterreichenstein seine Hand und besiegelte damit den Handel.

„Die Rucksäcke mit dem Glas lassts derweil da. De Rucksäcke kriagts nachher wieder, wenn ma´s auspackt hammand. Und dann bringt ihr noch das restliche Glas."

Der Kommerzienrat begleitete die Böhmerwäldler Glasmacher hinaus auf den Flur, wo das Fräulein Kapfhammer schon wartete.

„Richtens dem Hackl aus, er soll eine Kammer heizen in der Betriebswohnung neben seiner, die gerade leer steht und sie ein wenig wohnlich machen für zwei durchreisende Glasmacher aus dem Böhmerwald. Und was zum Essen soll seine Frau ihnen auch hinstellen für heut auf d´Nacht und a Bier. Und für morgen soll´s aa für ebbs zum Essen sorgen. I mochs dann scho wieder guat bei den Hackln."

Der Kommerzienrat verschwand in seinem Büro und das Fräulein Kapfhammer beschied ihren Schützlingen, mitzukommen. Vor dem Fabriktor verabschiedete sie sich von den beiden:

„In zehn Minuten ist Betriebsschluss. Dann kimmt der Hackl vorbei und nimmt euch mit in die Wohnung. Er weiß Bescheid."

„Und wie erkennt er uns?", fragte der Rudi.

„Ist ja sonst kein Fremder da, oder?", entgegnete das Fräulein ein wenig schnippisch. „Ein wenig Geld habt ihr ja, oder? Wenn ihr irgendetwas braucht, dann fragts den Hackl oder die Hacklin oder kemmts zu mir. Ihr wissts ja, wo mein Büro ist."

Der Rudi hatte eine weitere Frage und er zeigte auf wie in der Schule.

„Fräulein Kapfhammer, da am Fabrikzaun hängt ein Filmplakat. Gibt´s da beim Gistl tatsächlich ein Kino?"

Die Sekretärin lachte. „Ja, Rudi, am Sonntagnachmittag ist wieder Kinovorführung in unserem großen Kinosaal. Ein Film mit dem Johannes Heesters und der Marika Rökk."

„Den mecht i aaramoi sehgn, den Johannes Heesters. Und dann de Marika Rökk!" Erst einmal in seinem Leben war der Rudi im Kino gewesen, droben in Berg(-reichenstein), in „Quax, der Bruchpilot" mit Heinz Rühmann.

Mit einem Seitenblick auf den Alten erwiderte das Fräulein schmunzelnd: „Wenns dei Vater erlaubt, kannst gehen. Von mir kriagst a Freikartn. I bin die, die de Filme organisiert im Auftrag vom Herrn Kommerzienrat. Und den Heesters, den mag i bsonders gern."

Die Sekretärin lächelte verträumt.

„Hoffentlich kriagma des Geld und de Zigarettn vom Herrn Kommerzienrat ned so boid und mir bleima no da bis zon Sunnta." Marika Rökk und Johannes Heesters: Das schien dem Rudi wie der Inbegriff der großen Welt.

1. Kap.: Die Berufung

Max Esterl, Kriminalpolizist im Ruhestand, musste sich mit dem Abendessen beeilen. Um sieben Uhr war er zu einer Sitzung geladen. Der Bürgermeister hatte Max in den Festausschuss der Gemeinde Frauenau berufen, der die bevorstehende 700-Jahr-Feier des kleinen Glasmacherortes vorbereiten und organisieren sollte.

Erst hatte der Ex-Kommissar absagen wollen. Was sollte er, der vor zwei Jahren aus der Nachbargemeinde Zwiesel nach Frauenau zugezogene Neubürger schon zur Organisation beitragen können? Aber seine Frau Eva war da anderer Meinung:

„Schau, Max, das ist doch eine Ehre, dass sie dich berufen. Das solltest du nicht so leicht vom Tisch wischen. Und außerdem lernst du da wieder neue Leute kennen. Dir als Zugezogener schadet das nicht. Ich würde es machen an deiner Stelle."

Max Esterl hatte seit seinem Herzug in die Au schon viele der Dorfbewohner kennengelernt, mehr, als er in seinem alten Hirn abspeichern konnte. Immer wieder, wenn er mit seiner Frau spazieren ging, kamen ihnen Frauenauer, „Auerer", entgegen, die freundlich grüßten oder sogar ein kleines Schwätzchen begannen. Max hatte das Gefühl, dass sie alle ihn kannten. Im Gespräch ließ er sich natürlich nichts anmerken, aber hernach war seine Standardfrage an Eva: „Wer is ejtz des gewesen?"

Also konnte es nicht schaden, seinen Bekanntenkreis zu erweitern.

„Gut, ich geh hin. Aber die Verkehrsregelung bei den Festzügen lass´ ich mir nicht anhängen, das kannst du glauben!"

„Das macht sowieso die Feuerwehr. Dazu braucht man Respektspersonen in Uniform", lachte Eva.

Sie wusste, dass Max das Uniformtragen zu seiner aktiven Zeit als Polizeibeamter immer zuwider gewesen war.

Um zehn vor Sieben machte sich Max auf den Weg zum Wirtshaus, in dem die Versammlung stattfinden sollte. Hier in Frauenau brauchte er kein Auto mehr. Alles lag so nah, dass es zu Fuß erreichbar war.

Etwa fünfzehn Personen, meist Männer, waren dem Ruf des Bürgermeisters Bredl gefolgt. Sie saßen an einem langen Tisch und machten dem Ex-Kriminaler bereitwillig Platz. Die meisten von ihnen kannte Max.

Der Neuankömmling hatte noch nicht einmal eine Halbe Bier bestellt, da begann auch schon der Bürgermeister:

„Also: Es ist schön, dass ihr auf meine Einladung hin alle gekommen seid, fehlen tut keiner."

Franz Bredl, der Bürgermeister, ließ eine Liste herumgehen, in die sich alle Mitglieder des Orga-Teams mit Telefonnummer und E-Mailadresse eintragen sollten und begann, die einzelnen Kleinteams und ihre Verantwortungsbereiche zu erläutern.

Er, Max Esterl, war tatsächlich, zusammen mit einem Mann von der Feuerwehr und einem Rathausmitarbeiter für „Ordnung und Verkehr" zuständig. So stand das schwarz auf weiß in dem Organisationsschema, das allen Mitgliedern überreicht worden war und mit dem anscheinend alle Übrigen einverstanden waren.

Noch ehe Max Esterl Einwände erheben konnte, hatte der Bürgermeister auch schon begonnen, einzelne Punkte zu besprechen.

Ins Detail wolle er sich noch nicht begeben, aber ein Grobfahrplan stehe schon fest. Franz Bredl teilte DIN A 4-Blätter aus.

„Darüber sprechen wir im Anschluss. Jetzt aber erst einmal zum momentan wichtigsten Punkt: Der Renovierung des Gistl-Komplexes."

Dieses Thema interessierte Max, und deswegen hielt er auch seinen Mund, und so war er endgültig im Arbeitskreis „Ordnung und Verkehr" gelandet.

Der Gistl-Komplex, die Überreste der riesigen Gistl-Glashütte mit ihren ehemals 700 Mitarbeitern und der große Veranstaltungssaal mit über 500 Plätzen war in den letzten Jahren ein ständig diskutiertes Thema in Frauenau gewesen. Begeisterte Befürworter und erbitterte Gegner der Renovierung standen sich unversöhnlich gegenüber.

Von der einstmals blühenden Gistlhütte, die nach dem Tod des Fabrikgründers Isidor Gistl seit den neunzehnhundertsechziger Jahren einen ständigen Niedergang erlebt hatte und schließlich in einem raffinierten Schachzug eines renommierten österreichischen Glaskonzerns stillgelegt worden war, hatten sich die Frauenauer schon vor Jahren verabschieden müssen, ebenso wie von den meisten anderen Glasproduzenten, die alle keine Chance gegen die maschinengefertigte Massenware hatten.

Jetzt hatte der Ort eine Industriebrache, mit der niemand etwas anzufangen wusste und an die auch keiner Hand anlegte, weil man nicht sagen konnte, was alles noch an Altlasten in oder unter dem Komplex schlummerte. Die Glasproduktion hatte jahrhundertelang die Umwelt vergiftet, ohne dass dies ein Thema gewesen wäre.

Heute wurde das Glas eben in Ländern mit geringeren Standards und Billiglöhnen produziert.

Das große Gistl-Gebäude am Rande dieses Industriegeländes, in dem der Saal und ein Gasthaus untergebracht waren, hatte die Gemeinde Frauenau vor Jahren erworben, um es zu renovieren.

Weil es denkmalgeschützt war, musste man es sowieso erhalten. Darum hielt man es für besser, das Haus mit Leben zu erfüllen und es zu einem Veranstaltungskomplex auszubauen, von dem auch die örtlichen Vereine, die Kulturträger sowie die Hotels und die Wirtschaft allgemein profitieren würden. Der Staat hatte schon Unterstützung zugesagt.

So argumentierten die Befürworter.

Die Gegner sahen in dem Projekt ein Fass ohne Boden. Die Renovierung würde, trotz der Zuschüsse, die Gemeinde hoch verschulden und der Unterhalt des Kulturzentrums würde Frauenau endgültig in den Ruin treiben.

Kultur gegen Geld. War der Mehrwert so groß, wie die Befürworter behaupteten? Oder würde Frauenau in die Schuldenfalle laufen, wie die Gegner meinten?

Max war, wie seine Frau Eva, der Meinung, dass die Einwohner auch Verantwortung trugen für die Geschichte ihres Ortes. Bei der wunderschönen Frauenauer Rokokokirche wäre wohl niemand auf die Idee gekommen, diese abzureißen…

Die Stimme des Bürgermeisters riss Max Esterl aus seinen Gedanken.

„Leider haben sich die Verhandlungen mit den jungen Betreibern des Saales zerschlagen.“

Max sah in enttäuschte und etwas verwirrte Gesichter. In diese Betreiber, junge, kreative Leute aus Frauenau, hatten die Befürworter große Hoffnungen gesetzt.

„Es war nicht leicht, Ersatz zu finden, aber es ist uns gelungen: Das Ehepaar Gigl wird in Kürze den Vertrag unterzeichnen und die ersten Veranstaltungen werden schon bald stattfinden können. Wie ich erfahren konnte, wird das erste Event ein deutsch-tschechisches Projekt sein. Über den Inhalt weiß ich noch nichts“, schob der Bürgermeister nach, als er bemerkte, wie sich sofort einige der Sitzungsteilnehmer zu Wort melden wollten.

„Aber zu den neuen Pächtern möchte ich gleich noch etwas sagen: Die Gigls haben Erfahrung in der Gastronomie. Er, der Georg, kommt aus dem Nürnberger Raum und hat dort eine Gaststätte betrieben und sie heißt Jitka und ist aus Tschechien, aus Südböhmen, und hat dort als Bedienung gearbeitet."

„Und mit Kultur-Events? Wie schaut´s da aus? Haben sie da Erfahrung?"

Der Bürgermeister druckste rum.

„Also, die Zwei sagen schon, dass sie kulturelle Sachen organisieren können."

Franz Bredl nahm sein Bierglas vom Tisch, nippte ein-, zweimal und ging dann in die Offensive: „Glaubt´s ihr, dass wir da eine große Wahl hatten? Die anderen, auf die wir gebaut haben, haben uns abgesagt, der Umbau ist so gut wie fertig und das Jubiläumsjahr steht vor der Tür. Und für dieses Jubiläumsjahr haben wir den Saal und das Wirtshaus schon fest eingeplant. Der Gigl ist ein erfahrener Gastronom. Ob er Veranstaltungen an Land ziehen und organisieren kann, muss sich erst noch zeigen. Gastronomie kann er auf jeden Fall. Und er hat schon Pläne und ich bin gespannt auf seine erste Veranstaltung."

Während die Komiteemitglieder noch mit dem Bürgermeister diskutierten, spekulierte Max Esterl darüber nach, wo er den Namen Georg Gigl schon gehört hatte.

Wieder einmal stellte er fest, dass sein Hirn nicht mehr so treu funktionierte wie früher.

War es jetzt beruflich oder war es privat, dass er mit einem Gigl Georg zu tun hatte? Max Esterl kam nicht drauf.

Als der Bürgermeister die Zusammenkunft beendet hatte und alle sich noch ein Bier bestellten und zu anderen Themen übergingen, dachte Max schon gar nicht mehr an den Namen.

2. Kap.: „Dass i des no erleben darf!"

„Soll ich den Verkehr regeln?", beschwerte der Ex-Kriminaler sich nach der Sitzung bei seiner Frau, „oder soll ich aufpassen, dass niemand beim Festzug besoffen ist und über die Stränge schlägt? Für Ordnung und Verkehr bin ich jetzt zuständig das ganze Festjahr über. Das ist vermutlich so ziemlich der langweiligste Arbeitskreis, den es da gibt in Frauenau.

Wenigstens meine Mitstreiter machen einen sympathischen Eindruck", schränkte Max ein. „Aber das ist auch der einzige Lichtblick. Langweilig wird das. Und öde!"

„Warum sagst du das mir, Max Esterl? Das hättest du dem Bürgermeister sagen sollen, bei der Sitzung. Nicht mir!"

Max brummte seine Unzufriedenheit in sich hinein. Wie so oft, war es ihm auch heute passiert, dass er sich überrumpeln hatte lassen und für etwas zugesagt hatte, das ihm, im Nachhinein betrachtet, eigentlich keine Freude bereiten würde.

So war er als Bub schon zum Beitragseinsammler in seiner Jugendgruppe bestimmt worden und hatte Monat für Monat geschimpft und schließlich regelmäßig die Hälfte der Beiträge von seinem eigenen knappen Taschengeld bestritten.

So hatte er im Laufe seines Lebens immer wieder Aufgaben übernommen, die ihm nicht besonders zusagten, die aber erledigt werden mussten: Elternbeirat, Notenwart beim Polizeichor, Co-Trainer beim Sportverein.

Viel lieber hätte Max Esterl bei einem Arbeitskreis mitgemacht, bei dem Kreativität gefragt war, bei dem es um Ideen ging.

Eva Esterl merkte, wie es in ihrem Mann arbeitete.

„So schlimm wird es schon nicht werden, Max. Ein paar Sitzungen und dann, zum Jubeljahr, noch ein Sicherheitskonzept erstellen, einige Tage Bereitschaft: Ordner beim Festzug, Nachtwache im Festzelt und so Dinge halt. Das ist doch ein Klacks für einen wie dich, Max. Und vergiss nicht: So bekommst du weitere Kontakte in Frauenau, du als Neuhinzugezogener lernst Leute kennen, die du sonst nicht kennenlernen würdest."

In Wirklichkeit hoffte Eva natürlich, dass sein Engagement den Max davon abhalten würde, wieder irgendeinen neuen Fall zu klären.

„Mir langen als Kontakte meine neuen Freunde vom Gesangverein (siehe „Max Esterl und das letzte Spiel"!) und unsere Nachbarn", wehrte Max ab, aber ihm war klar, dass seine Eva schon irgendwie recht hatte. Wer weiß, wen er auf diese Weise kennenlernen würde und was da in den Monaten bis zum Jubiläum auf ihn zukommen würde. Max hatte sich schon bei seiner Pensionierung vor etlichen Jahren vorgenommen, stets offen und neugierig zu bleiben. Er fand das Leben immer noch interessant und spannend.

Als Eva noch einmal mit dem Thema beginnen wollte, schnitt Max ihr das Wort mit einer Handbewegung ab.

„Passt scho, Eva."

Und so besuchte Max Esterl alle Sitzungen der Ordnungsleute und beackerte brav das Sicherheitskonzept.

Nur am Rande bekam er mit, dass die Arbeiten im Gistl sich ihrem Ende zuneigten. Wegen einiger Verzögerungen hatte man allerdings beschlossen, erst den Saal komplett herzurichten, weil man den für die Einweihungsfeierlichkeiten und im nächsten Jahr dann für die Jubiläumsveranstaltungen brauchte.

Einige Räume im Untergeschoß, die man den verschiedenen Vereinen zur Verfügung stellen wollte, sollten erst nach der Einweihung des Saals in Angriff genommen werden.

Der Billardclub, der Dartclub, die Blaskapelle, der Schützenverein und der Männergesangverein jammerten zwar, aber es half nichts: Das Jubiläum hatte Vorrang.

***

Die Wiedereröffnung des auf Hochglanz renovierten Gistlsaales im November war ein großes Ereignis für Frauenau.

Eva und Max Esterl saßen am Tisch des Gesangvereins, der mit drei Liedern zur Verschönerung der Eröffnungsfeier beitragen sollte.

Die Frauenauer Blaskapelle hatte mit einem kräftigen Tusch den Bürgermeister und die anschließenden Festredner angekündigt.

Der Bürgermeister, die Abgeordneten, die Landrätin: Alle Politiker mussten natürlich ihren Beitrag zur Renovierung herausstellen und alle bekamen sie ihren Teil des Weihrauchs ab, der bei solchen Anlässen großzügig verteilt wird. Man merkte ihren Reden an, dass die Gelegenheiten, sich bei Einweihungen zu präsentieren, rarer geworden waren.

Die wirtschaftliche Situation hatte sich verschlechtert, die Corona-Pandemie, der sich, ohne Aussicht auf ein Ende, ewig hinschleppende Ukrainekrieg, die dadurch ausgelöste Inflation und der kostspielige Umbau der Energieversorgung auf Nachhaltigkeit hin hatten dafür gesorgt, dass kaum noch neue Projekte in Angriff genommen wurden. Umso mehr wollte man jetzt das Gistl-Ensemble feiern und der

Teil der Frauenauer, der für die Sanierung gestimmt hatte, freute sich.

Der andere Teil war erst gar nicht gekommen.

Einigen von den älteren im Gesangverein, die den Saal von ihrer Jugendzeit her noch in Erinnerung hatten, standen Tränen in den Augen.

„Dass i des na dalebn derf", hörte Max, als er hinter seinen Sangesbrüdern die Treppe zur Bühne hinaufstieg.

Die drei Lieder des Gesangsvereins hatten gut geklungen und ihr Dirigent hatte mit einem zufriedenen „Hat scha passt" großes Lob ausgesprochen.

Nun konnte sich der Tisch der Sänger auf das Wesentliche konzentrieren: Das gute Bier und die gute Unterhaltung.

Als der Saal die kirchliche Weihe erhalten sollte, gab es lange Gesichter.

Der Pfarrer war nicht da! Der Frauenauer Pfarrer war nicht da, und niemandem war dies aufgefallen. Er, der sonst sehr zuverlässig war, der leutselig und gesellig war, der seine Gemeinde nicht nur treu durchs geistliche, sondern auch durchs weltliche Leben begleitete, er war nicht da.

Der Bürgermeister zückte sein Handy und begann zu telefonieren.

Max schaute auf einen der Programmzettel, die auf allen Tischen lagen.

„Kirchliche Weihe durch den Frauenauer Ortspfarrer", stand da, vor dem letzten Programmpunkt, dem gemeinsamen Mittagessen.

Das Telefonat des Bürgermeisters hatte anscheinend nicht den gewünschten Erfolg gehabt, denn der schüttelte seinen mittlerweile hochroten Kopf und besprach sich mit zwei der Hauptorganisatoren.

Nochmaliges Kopfschütteln, dann eilte der Bürgermeister zum Podium der Auerer Blaskapelle und wechselte einige Worte mit dem Kapellmeister.

Statt der kirchlichen Segensworte bekamen die Festbesucher vier oder fünf Blasmusikstücke zu hören, was einige im Saal verwunderte. Die meisten aber merkten überhaupt nicht, dass da gerade etwas schiefgelaufen war.

Die Blaskapelle hatte ganz offensichtlich die Aufgabe, die Viertelstunde zu überbrücken, die die Segnung gedauert hätte.

Fürs Mittagessen war es noch zu früh, die Knödel waren eben erst eingelegt worden, also mussten die Musiker nochmals ran.

Sonst aber funktionierte alles fast wie am Schnürchen, das Betreiberpaar hatte die Sache im Griff. Er war ein bulliger Mittfünfziger mit auffälligen Tätowierungen an seinen muskulösen Oberarmen. Sie war auch tätowiert: Ein Drache krallte sich an ihrem linken Busen fest und sein Schwanz schlängelte sich in ihrem ausladenden Dekolletee nach unten.

Man merkte einigen Männern an, dass sie gerne untersucht hätten, wo der Drachenschwanz endete.

Die Frau führte das Regiment, das konnte Max erkennen, obwohl er relativ weit entfernt in der Saalmitte saß. Unter ihrer Anleitung sorgte eine Schar von feschen und flinken, meist tschechischen Kellnern und Kellnerinnen dafür, dass alle Gästewünsche erfüllt wurden.

Sie hatte alles im Blick, half dem tätowierten Bullen beim Ausschenken, teilte die Bedienungen ein, half aus, wo es nötig war. Ihre tschechischen Befehle waren kurz und militärisch.

Immer wieder richteten sich die Blicke vom Max auf den Wirt: die Tätowierungen, sein nach hinten gebundenes Pferdeschwanzerl, sein braunes, ärmelloses Lederwams: Wo war er dem schon begegnet?

Der Ex-Kommissar kriegte es einfach nicht mehr hin. Nur eines wusste er noch: Die Begegnung war keine angenehme gewesen!

Bevor das Essen aufgetragen wurde, es gab Schweinsbraten oder alternative Grünkernpflanzerl, die allerdings keiner an ihrem Tisch bestellte, gingen einige der Sänger noch zum Bieseln, darunter natürlich auch Max Esterl.

Als sie durch die Saaltür in den Vorraum traten, bemerkten sie, dass sich direkt neben der Tür eine Menschentraube gebildet hatte. Max vermutete zunächst, dass dies eine WC-Schlange sei, oder wie ein neben ihm gehender Sängerfreund sagte, ein „Scheißheislstau".

Aber die Türen zu den Toiletten waren frei, kein Mensch stand im Stau.

Max schaute genauer hin. Die Traube hatte sich vor einem riesigen Plakat gebildet, das jemand während der Veranstaltung dort aufgehängt haben musste. Alle gafften und diskutierten heftig, manche schüttelten lachend den Kopf und wandten sich ab, andere schüttelten ihre Köpfe zornig und protestierten mit erhobenen Fäusten.

Max schob sich näher an das Plakat heran, und als ein ganz Wamperter schimpfend den Rückzug aus der Menge antrat, stieß er in die entstandene Lücke und hatte fast freie Sicht auf das Objekt der Diskussionen.

Es war gut gemacht.

Das Plakat zeigte in grüner, schwungvoller Linie die Umrisse der zwei Rachelgipfel, so wie sie jeder hier schon tausendmal gesehen hatte.

Auf den beiden Gipfeln aber, on Top, wie die Jungen sagten, hatten die Grafiker, oder waren es gar Grafikerinnen gewesen, zwei steil nach oben stehende stilisierte rosa Brustwarzen gemalt. Nicht so, wie es der geniale tschechische Karikaturist Josef Pospichal manchmal liebevoll-ironisch mit seinen Böhmerwaldbergen gemacht hatte, sondern eher brutal-sexistisch.

Der Blickfang hatte also schon funktioniert, die Leute gafften, dachte Max Esterl.

Aber was war die Botschaft dahinter?

Die Botschaft stand in breiten, roten Lettern am Fuße des Kleinen Rachel:

„RACHEL-NIPPEL“

Am Fuße des Großen Rachel machte sich der Begleittext breit: „1. Erotikmesse in FRAUEN-AU im neuen Gistl-Komplex“.

Jetzt verstand Max Esterl die Aufregung der Herumstehenden. Da hatten die neuen Betreiber des Gistlkomplexes den Frauenauern gleich zum Einstand eine ganz gewaltige Portion zum Schlucken gegeben:

Als erste Großveranstaltung im Gistlsaal eine Sexmesse! In Frauenau!

Max erinnerte sich an seine Jugendzeit. Da hatten die Frauenauerinnen nicht gerade als prüde gegolten und viele seiner gleichaltrigen Spezln hatten ihr Glück in der Au gesucht: In der berühmt-berüchtigten Texasbar oder bei der ebenso berühmten Rauhnacht im Fasching oder bei sonst einer Gelegenheit.

Das hier aber war etwas anderes! Eine Sexmesse in Frauenau! Im Gistlkomplex! In drei Wochen! Eine Woche vor Weihnachten!

„Jetzt weiß ich, warum der Pfarrer heute nicht anwesend ist!“, klärte einer seiner Sängerkollegen den Max am Pissoir auf. „Der hat Wind bekommen von der Sexmesse. Jetzt soll er dem Gistlsaal den kirchlichen Segen geben und in drei Wochen ist hier im Saal der Sexteufel los. Mitten in der Adventszeit! Des gibt an Krieg! Wenn des der Frauenbund spitzkriegt und der Mütterverein. Und erst die Lindberger!“

Die Kirchengemeinde aus dem Nachbardorf Lindberg, das hatte der Max in der Zeit, seit er hier war, schon mitbekommen, galt als besonders fromm, zumindest ein Teil davon. „Die Beterischen“, wurden sie in Frauenau genannt, das von seiner Glasmachertradition her eher liberal war.

„Bist du scho amoi aafana Sexmess gewesen, Max?“, fragte der Sängerkollege unvermittelt, wartete aber die Antwort nicht ab.

„Da muass ja zuageh! Sodom und Gomorrha is a Dreck dagegen.“

Der Sangesbruder sah hinunter auf sein Zipferl, das er jetzt gerade ausschüttelte und von den letzten Urintropfen befreite.

„Na ja, für mi is des eh nix mehr, aber de Jungen, de hand ganz scharf drauf.! I kann´s versteh, wenn der Pfarrer da net mitmacht bei der Einweihung.“

3. Kap.: Anruf von Irmi

Am Montag nach der Einweihung, die ohne den kirchlichen Segen stattfinden hatte müssen, war Max schon neugierig auf die Tageszeitung. Um kurz nach fünf Uhr war er aufgewacht. Alle Versuche, wieder einzuschlafen, schlugen fehl. Nachdem er sich eine halbe Stunde von einer Seite auf die andere gewutzelt hatte, reichte es dem Schlaflosen:

Ächzend stieg er aus dem Bett, umkurvte die Liegestatt seiner Frau Eva, verschwand im Bad und kam nach wenigen Minuten wieder, um sich anzuziehen.

Es war noch stockfinster, als er zu Fuß seine Frühstückssemmerln holte, und er platzte in dem kleinen Bäckerlädchen an der Hauptstraße in eine heiße Diskussion. Die Verkäuferin, eine sonst ausgesprochen freundliche Person und zwei Waldarbeiter, die sich noch mit Leberkaszöpfln für die Brotzeit versorgten, bevor sie hinausfuhren in die Wälder unterm Rachel, hatten einen heftigen Meinungsaustausch.

„Zweng wos brauch ma mir an Pfarra, ha?", hörte Max die letzten Worte, die einer der beiden, ein Großer, Bärtiger, mit tiefer, rauer Bassstimme hervorgestolpert hatte. Das war der, der immer seinen VW-Bus mit laufendem Motor vor dem Bäckerladen stehen ließ und den Max deswegen schon öfter hatte ansprechen wollen.

Während die Verkäuferin die Zöpfl aufschnitt und diese flink mit Leberkäsblättern (jeweils drei) und Essiggurkerln (jeweils eins, auseinandergeschnitten) belegte, pflichtete der Kleinere der beiden seinem Arbeitskollegen bei:

„Aaf ana Sexmesse hat a Pfarrer eh nix zon suacha. Der soll schau, dass er in sei Sonntagsmess geht. De Pfarrern kinnans eh grad mit de kloana Buama."

„Und aaf da Sexmess, da gibt's grouße Weiber", stimmte diesmal der Große zu, hielt sich seine Pratzen vor die Brust, zeichnete damit die Umrisse eines Riesenbusens nach und lachte dröhnend.

„Wennsd ejtz dei Mei ned hoitst, dann tua i dir an Chili eine in dein Leberkas! Unser Pfarrer is koa soichana. Des möchte i da herin nimmer hörn!“

Der Verkäuferin war es zu viel geworden und sie hatte den Männern deutlich gemacht, dass es langte.

Die Männer lachten, bezahlten und verließen den Laden.

„Respekt“, dachte sich Max Esterl, der Ex-Polizist. Das war Konfliktbewältigung nach Waidlerart: Wie aus dem Lehrbuch!

„Wissen´s, Herr Esterl, de hand hoit a wenig gach“, entschuldigte sie die zwei. „Richtige Rauhbulln!“

Dann beugte sich die Verkäuferin über ihren Ladentisch, bedeutete Max Esterl mit einer Bewegung ihrer Hand, etwas näher zu kommen und sagte verschwörerisch leise:

„Aber wissen´s aa, wos unser Bürgermeister sagt, warum er die Erotikmesse überhaupt genehmigt hat?“

Max schüttelte den Kopf.

„Mir vom Mütterverein hamma nämlich angerufen im Amt und nachgefragt, wie sowas überhaupt genehmigt werden kann! Erotikmesse Rachelnippel in Frauenau! Er behauptet, er hat´s falsch verstanden, was der Manager vom Gistl ihm am Telefon mitgeteilt hat. Statt „Erotikmesse Rachelnippel“ hat er „Messe Rachelgipfel“ verstanden und dann hat er´s genehmigt. Kann ma denn soo schlecht hörn, Herr Esterl? Rachelgipfel statt Rachelnippel!“

Kopfschüttelnd tat die Verkäuferin die zwei Zöpfl, die Breze und das Kürbiskernsemmerl für Max in ein Papierrogerl (Papiertüte).

„Rachelgipfel statt Rachelnippel", hörte Max Esterl noch, als er schon die zwei Stufen vom Laden zur Straße hinunter gestiegen war.

Daheim beim gemeinsamen Frühstück mit Eva, die heute erst in der zweiten Stunde Unterrichtsbeginn hatte, studierte Max Esterl wie jeden Tag die Heimatzeitung, den „Bayerwald Boten"

„Schau her!"

Max Esterl hielt die Zeitung so, dass Eva sehen konnte, welche Nachricht heute den Lokalteil dominierte.

Der Eröffnung des Gistlsaales waren zwei Seiten gewidmet. Eine halbe Seite davon beschäftigte sich mit der ersten dort geplanten Großveranstaltung, der angekündigten Rachelnippelmesse.

Max berichtete seiner Frau von der Szene, die er gerade im Bäckerladen erlebt hatte. Eva erzählte, während sie ihren Haferflockenbrei löffelte, dass die Erotikmesse sogar in ihrer elften Klasse am Gymnasium ein Thema war. Allerdings kein Thema, das ihre Schüler und Schülerinnen wirklich berührt hätte. Die meisten von ihnen fanden die öffentlichen Diskussionen eher lächerlich. Sie waren gerade dabei, ihre eigene Sexualität zu entdecken, sie brauchten keine Stimulantien.

Eva verabschiedete sich: „Vergiss nicht, die Spülmaschine auszuräumen, Max. Ich komme um Eins heim. Wenn du vorher schon Hunger hast: Im Kühlschrank findest du den Sterz und das Kraut von gestern. Das kannst aufwärmen."

Eva ging und Max vertiefte sich wieder in die Zeitung.

Gerade wollte Max den Kommentar der Lokalreporterin zu den Rachelnippeln lesen, da meldete sich das Telefon.

Zu Max Esterls Überraschung kam der Anruf aus Železná Ruda/Markt Eisenstein.

Irmi war am Apparat, die Chefin des Eisensteiner Bordellbetriebes „club rouge", dem Roten Herz. Sie und der Ex-Kriminaler hatten sich vor Jahren bei der Aufdeckung eines Verbrechens kennen- und schätzen gelernt. Seitdem waren die beiden befreundet und die Irmi hatte dem Max immer wieder gute Tipps aus dem Milieu zur Aufklärung seiner Fälle geben können.

Nachdem alle Begrüßungsfloskeln ausgetauscht waren, kam die Irmi, die cigentlich aus Straubing stammte, aber im St. Moritz des Böhmerwaldes gelandet war, auf den Grund ihres Anrufes zu sprechen.

„Max, wo kann man während der Sexmesse in Frauenau übernachten?" Die Irmi als Profi hatte nicht die euphemistische Umschreibung „Erotikmesse" gewählt. Sie sagte es, wie es war.

„Wir haben sehr gute Hotels hier in Frauenau." Max zählte drei davon auf, aber bevor er die Liste zu Ende führen konnte, unterbrach Irmi:

„Hab´ ich alles schon abtelefoniert. Kein Platz mehr frei während der Messe. Alles ausgebucht!"

„Des gibt´s doch net, Irmi! Jetzt, in der toten Jahreszeit!"

Auf diesen Überraschungsausruf ihres Freundes hin bemerkte die Irmi ironisch:

„Sex sells, Max. In Zeiten wie dieser noch mehr. Nach der Pandemie und in der Energiekrise wollen die Menschen Ablenkung. Der Betrieb wird wieder angekurbelt, das Rad dreht sich wieder. Wir haben seit dem Sommer ein Umsatzplus von über einem Drittel bei uns im Roten Herz. Aber die Männer sind anspruchsvoller geworden. Man muss etwas Besonderes bieten. Einfache Nummern gehen kaum mehr."

Die Stimme der Irmi wurde geschäftsmäßig:

„Und darum, Max, fahre ich nach Frauenau. Das ist sozusagen eine Dienstreise. Die neuesten Trends mitbekommen, Hilfsmittel undsoweiter. Ich bin Unternehmerin. Die Sportfachhändler fahren auf die ISPO, die Bauunternehmer auf die BAUMA, andere auf die Handwerks-, die Buch- oder die Elektronikmesse. Ich eben auf die Sexmesse. Von der Steuer kann ich es auch absetzen.

Zwei von meinen Mädels sind eh dort, die arbeiten im Begleitservice. Bei uns ist während der Sexmesse sicher nichts los. Eine hat Notdienst. Das genügt.

Alle Sex-Maniaks werden in Frauenau sein."

Die Stimme von Irmi wurde pappsüß.

„Da freut sich der Max Esterl schon drauf, gell! Frauenau, das Zentrum des erotischen Universums, der Nippelpunkt der Sexwelt!"

„Du glaubst gar nicht, Irmi, wie ich schon scharf bin auf euer Erotikfestival. Weihnachten für Sexualneurotiker und testosterongesteuerte Hirnamputierte."

Auf Esterls gepresste Antwort hin lachte Irmi laut:

„Hast ja recht, Max. Ich weiß ja eh, dass du es nicht nötig hast." Irmi hatte dem Ex-Kommissar in der Vergangenheit einige Male ziemlich eindeutige Avancen gemacht. Die Clubchefin wechselte das Thema.

„Euer Pfarrer, hab´ ich gehört, ist einer der wenigen, die gar nicht glücklich sind. Das ist nicht die richtige Messe für ihn und seine treuen Schäflein, oder? Da schlagen sie die Augen nieder. So wie es uns damals eingebläut wurde im Straubinger Internat:

>Mädchen schlagt die Augen nieder, denn die Sünde geht vorüber<, hat es geheißen, wenn ein junger Bursch unseren Weg kreuzte. Genau das hat uns dann besonders scharf gemacht.

Aber Spaß beiseite, Max. Ich möchte den Frauenauer Pfarrer nicht beleidigen. Ist bestimmt ein braver Mann. Du weißt ja, dass ich durchaus gediegen katholisch bin. Ich hab´ auch eine andere Seite."

Max hatte die andere, die religiöse Seite von Irmi vor nicht einmal einem Jahr kennengelernt, als sie gemeinsam eine Wallfahrt zum Grab der Seligen Irmengard nach Frauenchiemsee unternommen hatten (siehe „Max Esterl und der Schwarze Storch"!).

Die Straubinger Eisensteinerin kam wieder auf den Grund ihres Anrufs zurück.

„Also, Max, du weißt nicht, wo in Frauenau noch ein Übernachtungsplatzerl frei ist? Im Tourismusbüro hab´ ich es auch schon probiert."

„Wenn´s grad ist, Irmi," sagte der Max, ohne weiter nachzudenken, „dann übernachtest halt bei uns im Haus. A Gästezimmer hamma."

„I bin aber net allein, Max. Ich komme mit Begleitung nach Frauenau."

„Mit...Begleitung...?" Max stopselte ein wenig umeinander. Er war etwas voreilig gewesen mit seinem Angebot eben. Normalerweise hatte Eva nichts dagegen, wenn Max Freunde zum Übernachten einlud. Aber jetzt, kurz vor Weihnachten? Vor allem die Begleitung war natürlich so ein Faktor. Max fühlte schon die Blicke der Nachbarn, wenn zwei aufgebrezelte Damen vor ihrem Haus aus einem Protzschlitten mit tschechischer Nummer stiegen. Ausgerechnet zum Sexmessenwochenende!

Andererseits: Stiegen nicht am gleichen Tag zur selben Zeit in den durchaus renommierten Frauenauer Hotels die selben Typen aus? Die Hotels verdienten ihr Geld mit denen, die ihr Geld mit denen verdienten, die scharf auf Sex waren!

Und er, Max Esterl, sollte sich nicht trauen, eine seiner ältesten und angenehmsten Bekannten zu beherbergen? Samt deren Anhang, wer auch immer das war!

Max Esterl gab sich einen Ruck.

„Mit Begleitung, eh klar, Irmi."

„Des hat aber lang dauert, Max." Die sensible Irmi hatte natürlich geschnallt, wo das Problem vom Max lag.

„Aber tua de net abe: Mei Begleitung wird dir gfalln."

Und mit ein wenig boshafter Stimme fügte Irmi noch hinzu:

„Kriagst a Freikartn von mir, Max. Freier Eintritt in die Welt der Erotik. Des wird dir bestimmt aa gfalln!"

Max brauchte erst einmal einen Schnaps auf das Telefonat hin.

Während er am Zwetschgengeist nippte, dachte er daran, welche Taktik er anwenden sollte, um die Sache der Eva beizubringen.

„Mei Begleitung wird dir gfalln."

Wie hatte die Irmi das jetzt gemeint?

War es eine ihrer hübschen Angestellten, die sie auf die Dienstreise mitnahm. Die mochte zwar ihm, dem Max gefallen, aber Eva wäre wohl nicht so begeistert.

Oder war es jemand, der einfach n u r sympathisch war?

Dann wäre sicher auch Eva zufrieden.

Als Max Esterl das Schnapsglas wegstellte, war der Kaffee kalt. Er machte sich einen neuen und studierte weiter die Zeitung.

Der Kommentar der Lokalreporterin handelte von den geplanten Protestaktionen gegen die Auerer Erotikmesse:

Die Lindberger wollten sogar eine Fußwallfahrt ins benachbarte Frauenau organisieren und vor dem Sündenpfuhl, dem Gistl, einen „Sühnerosenkranz“ beten.

Das konnte ja heiter werden. Und er war mit der Irmi und ihrer Begleitung dann mitten drin in der Gaudi.

Fast hätte Max Esterl noch einmal ein Schnapserl gebraucht, aber das wäre dann doch zu viel gewesen, mitten am Vormittag.

Das musste er schon aushalten, was da nächste Woche auf ihn zukam. Und die Frauenauer auch.

So räumte er lieber die Spülmaschine aus.

Als Max Esterl sich zur untersten Etage der Maschine hinunterbeugte, durchzuckte ihn ein Schmerz, der sich vom Rücken bis hinunter in den Oberschenkel zog. Dieses Reißen hatte er in der letzten Zeit schon öfter gespürt, er hatte es aber jedes Mal ignoriert.

Diesmal war es schlimmer. Max musste sich setzen. Wenn er den Fuß nach oben, zu sich heran zog, spürte er eine Erleichterung, aber sobald er sich bewegte, war das schmerzhafte Ziehen wieder da.

Das fühlte sich verdammt nach Ischias an. Max Esterl erinnerte sich noch gut daran, dass auch sein Vater von diesem „Zipperlein“, wie er es genannt hatte, geplagt war. Damals, als junger Bursch, hatte Max darüber geschmunzelt, während sein Vater gestöhnt hatte. Jetzt war er dran. Kruminale!

Max verordnete sich Ruhe, nahm die Zeitung vom Küchentisch, ging ins Wohnzimmer und legte sich auf seine Fernsehliege, deren Stellungen er mit Hilfe eines Elektromotors verändern konnte.

Ächzend und leise vor sich hin jammernd brachte Max seine Liege in die Position, in der er einigermaßen schmerzfrei war, deckte sich zu und schlug die Zeitung auf.

Zwei Stunden später fand Eva Esterl, als sie vom Unterricht heimkam, die Spülmaschine in der Küche offen und nur halb ausgeräumt. Aus dem Wohnzimmer drangen Geräusche, die Eva sehr gut kannte.

Eva fand Max schlafend auf seiner Lieblingsliege, die Beine hatte er angewinkelt, die Zeitung war ihm zu Boden gerutscht, seine Brille hatte er noch auf der Nase, aus dem leicht geöffneten Mund drang ein sehr rhythmisches, leises Schnarchen.

Kopfschüttelnd ging Eva zurück in die Küche und schaute in den Kühlschrank. Den Sterz hatte der Max nicht angerührt. Das war sehr ungewöhnlich für ihn. Sonst überfiel ihn der Hunger meist schon pünktlich um zwölf und dann brauchte er was, egal, ob sie schon von der Schule daheim war oder nicht.

4. Kap.: Studio I

Eva gab den Sterz mit dem Kraut in die Mikrowelle und ging ins Wohnzimmer, um ihren Mann zu wecken.

Der hatte sich von seinem Hexenschuss schon wieder einigermaßen erholt. Als er sich an den Küchentisch setzte, entfloh ihm dennoch ein tiefer Seufzer und er fasste sich an den Rücken.

„Fehlt dir was?"

Weil Max Esterl wusste, was jetzt kommen würde, versuchte er, seinen Schmerz herunterzuspielen.

„Nicht weiter tragisch. Ein Hexenschuss hat mich gestreift. Das vergeht wieder."

„Scheint dich aber ziemlich erwischt zu haben, wenn du nicht einmal mehr die Spülmaschine hast ausräumen können. Max, in unserem Alter muss man was tun!"

Kruminale, jetzt kam das, was kommen musste und was Max sich, seit Eva und er nach Frauenau gezogen waren, immer wieder anhören konnte:

„Magst nicht mal mitgehen, zum KSC ins Fitnesstraining? Da machen sie Rückenschule. Genau das Richtige für dich! Gib dir einen Ruck! Heut Abend bin ich auch dort, da kannst du mit mir hingehen und ein wenig hineinschnuppern."

Vor über zwei Jahren, schon kurz nach ihrem Umzug, war das Ehepaar Esterl dem Kraftsportclub Frauenau beigetreten, der direkt gegenüber dem Gistlsaal ein Fitnesscenter betrieb. Das halbe Dorf stärkte dort seine Muskeln, auch Eva ging regelmäßig zum KSC, belegte Kurse und Einheiten von Hatha-Yoga bis „Bauch–Beine-Po" und schwärmte ihrem Mann davon vor.

Max Esterl waren diese Studios schon immer ein Gräuel gewesen. Im Sommer bevorzugte er Ballspiele wie Basketball,

Fußball, Tennis, möglichst im Freien; im Winter Skifahren, Langlaufen, Eisstockschießen.

Er brauchte kein Studio, wo man sich irgendwelche Muskeln antrainierte, die man nicht benötigte, wo man Rad fuhr, ohne vorwärtszukommen und wo man ruderte, ohne im Wasser zu sein.

„Ich weiß schon, Max, was du sagen willst. Aber es ist nicht so, wie du meinst! Und du hast es bitter nötig! Schau dich an, wie du jetzt gerade im Stuhl hängst und jammerst. Heut Abend, Max, gehst du mit! KSC-Rückenschule heißt die Gruppe und da geht es ganz locker zu. Du wirst sehen, das gefällt dir!"

Wortlos erhob sich Max vom Stuhl und machte demonstrativ ein paar Dehnübungen. Er versuchte, den Rückzug anzutreten.

„Mir geht es aber schon viel besser, Eva, ich glaube, ich bleib daheim heute Abend. Ich brauch das nicht."

„Wenn es dir ganz schlecht gegangen wäre, Max, dann wäre es eh nicht zu empfehlen gewesen, das Studio. Aber wenn es dir, wie du sagst, besser geht, dann ist der richtige Zeitpunkt für deine Studiopremiere gekommen." Eva streichelte ihrem Mann über den Rücken.

„Komm halt mit, Max. Glaub mir, das tut dir gut."

Max Esterl antwortete mit einem tiefen Brummen, das seine Frau als Zusage wertete.

„Um sieben Uhr geht´s los. Sporttasche, Sporthose, Sportschuhe und Sporthemd, mehr brauchst du nicht. Und ein großes Handtuch."

„Kann ich da wirklich einfach so dazustoßen? Ich hab doch keine Ahnung…"

„Macht überhaupt nichts. Alles ganz easy, würden meine Schüler sagen. Du bekommst Anweisungen, die du, wie ich dich kenne, nicht verstehst oder nicht verstehen willst, dann schaust du uns anderen Teilnehmern zu und machst es genauso wie wir. Und wenn wir fertig sind, gehst du an die Getränketheke und genehmigst dir einen Drink. Ich selber muss allerdings sofort nach Hause. Ich muss noch zwei Stunden für morgen vorbereiten."

„Das mit dem Drink klingt schon besser. Und die von eurer Gruppe? Haben die nichts dagegen, wenn ich daherkomme?"

„Ach wo, Max. Wir sind eine kleine Gruppe, die meisten kennst du, die freuen sich bestimmt alle, wenn noch einer dazustößt. Noch dazu ein so gutaussehender Mann wie du."

Max wusste natürlich, dass das ironisch gemeint war.

Dennoch seufzte er resigniert und ergab sich in sein Schicksal.

„Dann geh´ ich halt mit. Aber wenn´s mir nicht gefällt, bin ich gleich wieder weg!"

***

Einige Stunden später kruschte Max Esterl im Kleiderschrank auf der Suche nach seinen Sportsachen. Was hatte Eva gesagt? Bequem sollte er sich anziehen, das sei die Hauptsache.

Zeit seines Lebens hatte der Ex-Kommissar mehr Wert auf Bequemlichkeit als auf Sportlichkeit oder gar modischen Chic gelegt. Alles, was er hatte, war bequem, so kam er nicht weiter.

Ein großes Handtuch hatte Max schon bereitgelegt, das war das Geringste. Socken lagen auch neben dem Handtuch, davon hatte er genügend und Grau sollte zu allem passen.

Jetzt die Hose.

„Lange oder kurze Hose", rief Max hinüber in die Küche zu Eva. „Was glaubst du is gscheider?"

„Egal, Max, es ist warm genug für die Kurze, die meisten tragen aber Leggins oder so was."

Als ob sie ahnte, dass ihr Mann gerade seine geliebte alte, graue, ausgebeulte Trainingshose in der Hand hielt, in der er tausend Fußballschlachten geschlagen hatte, legte Eva noch ein „aber nicht die von der WM 1954" nach, „die der Fritz Walter damals getragen hat".

Der Fitnessstudiokandidat legte die Fritz-Walter-Hose mit einem Seufzer beiseite und packte seine schwarze Sporthose ein, die ihn seit Jahren zum Tennis, Fußball, Basketball, aber auch zum Radfahren, ins Freibad und zu kurzen Spaziergängen bei warmer Witterung begleitete.

Nur beim T-Shirt war Max ein wenig wählerisch. Nicht die Farbe oder gar die Marke waren allerdings ausschlaggebend, sondern die Größe: 2XL.

Er wollte ja nicht wie eine Knackwurst aussehen in der Rückenschule.

Auf dem Weg zum Studio, den die Esterln wie fast alles in Frauenau zu Fuß zurücklegten, scherzte Max: „Das ist jetzt praktisch unser Schulweg."

„Unser Schulweg?"

„Wir gehen doch jetzt in die Rückenschule, oder nicht? Oder geht jetzt mein Rücken zur Schule? Dann bleib ich selber daheim und schick den Rücken mit einer Schultüte."

Manchmal wusste Eva wenig mit den wirren Gedankengängen ihres Mannes anzufangen. Er verdrehte Wörter und Sätze so, dass selbst sie als Deutschlehrerin nicht mehr dahinter blickte.

Sie wusste auch, woher der Max diesen Hang zu Wort- und Gedankenverwirbelungen hatte: In seiner Jugend hatte er so ziemlich alles von und über den bayerischen Ur-Komiker und Oberwortverdreher Karl Valentin gelesen und gesehen.

Das prägte für ein ganzes Leben.

„Du gehst jetzt schön brav mit deinem Rücken mit und achtest darauf, dass er anständig alles mitmacht, was die Frau Lehrerin und der Herr Lehrer von ihm verlangen. Und du wirst sehen: Schon nach wenigen Sitzungen geht es ihm besser, deinem Rücken."

Als Max mit Eva das KSC-Studio betrat, war er überrascht:

So groß hatte er sich den Betrieb hier nicht vorgestellt, für ihn war bisher das Wort „Studio" stets nur mit räumlicher Enge, provisorischer Einrichtung, Experimentierfreude oder künstlerisch ambitionierter Atmosphäre einhergegangen.

Früher wurden Künstlerateliers als Studios bezeichnet, von Fotostudios und Tonstudios wusste Max, in Frauenau kam er bei seinen Spaziergängen manchmal sogar an einem Nagelstudio vorbei.

Die Studioglasbewegung war ihm auch ein Begriff, dort waren abseits der Kommerzglashütten die schönsten und extremsten Glaskunstwerke entstanden, es gab Küchenstudios, ein Sportstudio im ZDF.

Max Esterl blieb stehen und staunte.

Keine hochgedopten Bodybuilder sah er hier, keine stahlharten, eisenfressenden Turboruderer, die Galeerensklaven der Moderne, die den Frondienst freiwillig taten, zu dem ihre Vorbilder in der Antike mit Peitschen angetrieben werden mussten, keine Radlerflietscherl, die nur hierhergingen, um in ihren modischen Accessoires und den dazugehörenden Goldketterl gesehen zu werden und deren Parfümwolken dafür sorgten, dass die Sportler auf den Geräten links und rechts von ihnen unter Atemnot litten.

Das Outfit der Indoorsportler (Max musste innerlich schmunzeln, als ihm diese Wortkombination einfiel) war zwar durchgehend hochwertig, aber es waren ziemlich normale Durchschnittsbürger, die hier ihren „Hallensport" machten, die radelten oder am Laufband rannten. Ganz verstehen konnte Max die Studiophilosophie zwar noch immer nicht, sein Inneres sträubte sich einfach aus Prinzip dagegen. Aber im Winter und noch dazu an einem wolkenverhangenen, regnerischen Tag wie heute konnte man dieses Verhalten durchgehen lassen.

Als der Ex-Kommissar einige Schritte weiter ging, stieß er auf eine Theke, auf der einige bunte Mixgetränke darauf warteten, von durstigen Radlern abgeholt zu werden.

Max nahm sich vor, diese Bar zu besuchen. Nächstes Mal. Heute hatte er keinen Cent einstecken, weil er nicht mit sowas gerechnet hatte.

„Der KSC ist mehr als ein Fitnessstudio", klärte ihn die freundliche Dame auf, die Eva wie eine alte Bekannte begrüßt hatte, und die sich später als ihre Kursleiterin entpuppen sollte.

„Wir haben hier alle Bevölkerungsschichten und alle Altersstufen."

Max schaute sich um: Lauter jüngere, anscheinend ziemlich fitte Menschen, zwei Drittel Männer, ein Drittel Frauen, niemand in seinem Alter, keiner so dick wie er.

Im Umkleideraum, der eigentlich ein Schuhwechselraum war, stellte der Ex-Kommissar erleichtert fest, dass zur Rückenschule auch Leute seines Alters und seiner Statur antraten. Menschen, die ebenfalls Probleme damit hatten, sich zu bücken um ihre Schuhe zu wechseln. Dass er etwa die Hälfte von ihnen kannte, empfand Max ebenfalls als gut.

Sogar in seiner Sportkleidung unterschied sich Max Esterl nicht allzu sehr von seinen Mitturnern.

Das Rückentraining selber erwies sich als fordernd für den Max.

Auf einem Bein stehen und die Balance halten!

Max ruderte ständig mit den Armen und hatte Probleme damit, mehr als zehn Sekunden still zu stehen, während seine Nachbarin dastand wie eine Statue.

Die Übungen für die Beinmuskulatur liefen ganz gut für den Max, aber seine Rückenmuskeln und vor allem seine Bauchmuskeln waren anscheinend ziemlich degeneriert. Immer wieder entfuhren Max Esterl peinliche Stöhn- und Ächzlaute. Niemand aber nahm Anstoß daran.

Was die anderen wohl sagen würden, wenn er einen Schoaß ließ? Max nahm sich vor, zu den nächsten Rückenschulterminen aufs Mittagessen zu achten: Sterz mit Kraut würde auf alle Fälle nicht mehr in Frage kommen.

Die Fünfviertelstunden, die für das Training angesetzt waren, verliefen aber angenehm schnell, und Max war überrascht, als das Übungsleiterehepaar die Gruppe anwies, Decken zu holen, sich einzuwickeln und zu entspannen.

Das Licht wurde ausgeschaltet, leise Musik ertönte und die Stimme des Rückenschulleiters wurde gleichförmig. Mantraartig wiederholte er die Worte „Einatmen – Ausatmen – Einatmen – Ausatmen“, um schließlich zu verstummen.

Max lag auf dem Rücken, ein wohliges Gefühl breitete sich in ihm aus, er spürte die Wärme seines Körpers, ließ seinen Atem strömen: Ausatmen – Einatmen -Ausatmen – Ein…

Max erwachte nicht einmal, als der Übungsleiter das Licht wieder anmachte.

Erst als dieser ihn sanft anstupste, kam er zu sich.

Der Saal war leer. Alle anderen, auch Eva, waren schon aufgestanden, hatten ihre Matten weggeräumt und waren gegangen, ohne dass er es gemerkt hatte.

„Respekt, Max!“, kommentierte der Übungsleiter, „das war Tiefenentspannung!“

War das jetzt ehrlich gemeint, oder machte sich der Mann über ihn lustig?

Als Max Esterl auf dem Weg hinaus die jetzt voll besetzte Theke passieren wollte, hielt ihn eine Stimme zurück, die ihm bekannt vorkam:

„Ja, der Max Esterl! Magst nicht ein Weißbier mit uns trinken?"

Den Bürgermeister hätte Max fast in der Gruppe übersehen.

Max kruschte in seinen Taschen, aber soviel er auch suchte: Er fand wirklich keinen Cent.

Franz Bredl lachte, als er Esterls vergebliche Bemühungen sah:

„Bist eingeladen, Max. Ausnahmsweise", fügte der Bürgermeister mit Blick auf die Umstehenden laut hinzu. Eine Spur leiser, aber immer noch für alle deutlich vernehmbar, folgte die Begründung für die Ausnahme:

„Schau dir die Freibiergesichter an, da müsstest du einen Geldscheißer haben als Bürgermeister."

„Ich werd` mich bei Gelegenheit revanchieren, Franz. Wählen muss ich dich aber nicht, ab jetzt?"

Die Umstehenden feixten, Franz Bredl gab seinem Gegenüber einen Klaps auf den Oberarm.

„Der war gut, Max. Nein, wählen musst mich nicht und ich freu mich bereits auf die Revanche."

Jetzt kam auch schon das Weißbier, und die Thekenbesucher, es waren einige Männer und drei Frauen aus der Rückenschule, prosteten sich zu.

Kaum hatte die Runde ihre Gläser abgesetzt, da begann auch schon eine Diskussion. Wie nicht anders zu erwarten, war das Thema die Erotikmesse.

„Stimmt das", wandte sich ein älterer, untersetzter Rückenschüler an den Bürgermeister, dass du die Erotikmesse eröffnen darfst?"

Franz Bredl lächelte säuerlich.

„Und dass dort", fiel ein anderer ein, den Max nicht kannte, „dass dort ein Platz für dich reserviert ist, im Separee."

„I ja, i ja, i ja", fügte ein dritter hinzu, den Max aufgrund seiner Dialektfärbung sofort als Unterlandler aus der Gegend um Grafenau erkannte, „i ja, da kimmt dann de saubere Wirtin und dann geht´s auf."

Franz Bredl seufzte tief.

„Hört mir auf mit der Erotikmesse! Verbieten kann ich sie nicht. Und im Mietvertrag steht auch nichts drin, dass so eine Veranstaltung nicht stattfinden darf. Hingehen tu ich natürlich nicht, kein Thema."

„Der Bürgermeister geht nicht auf die Rachelnippelmesse", meldete sich ein Vorlauter aus dem Hintergrund, „der ist nämlich genau zu der Zeit auf der Rachelgipfelmesse."

„Hörst du wirklich so schlecht, Bürgermeister", schaltete sich ein anderer ein, „dass du die zwei Wörter verwechselt hast? Oder hat dir die Wirtin den Kopf verdreht?"

Der Bürgermeister lief rot an, reagierte aber nicht.

Kruminale! Das ging schon ein wenig unter die Gürtellinie, fand Max Esterl.

Eine der an der Theke stehenden Frauen fand die richtigen Worte:

„Wer´s braucht, der soll hingehen auf die Messe. Unser Bürgermeister, der braucht´s halt nicht.

Der Meine dahoam, der braucht´s aa net, der hat mich."

Das auf die couragiert gesprochenen Worte folgende Gelächter reinigte die Atmosphäre und die Gemüter beruhigten sich wieder.

Als Max heim kam, war Eva gerade beim Korrigieren von Schulaufgaben.

Begeistert war sie nicht gerade, als ihr Mann von den Übernachtungsgästen erzählte, die sich so kurz vor Weihnachten angesagt hatten. Aber dann fand Eva die Sache doch auch irgendwie interessant: Die Bordellbetreiberin zu Besuch bei der braven Lehrerin.

Das hatte was.

5. Kap.: Zwei fesche Schneeflockerl

In der nächsten Woche kam etwas auf sie zu, mit dem die Frauenauer noch nicht gerechnet hatten.

Erst wurde es kalt, sehr kalt, dann wurde es wieder ein wenig wärmer und es begann zu schneien.

Als Max Esterl von der allwöchentlichen Probe des Männergesangvereins heimging, mussten er und seine Sangesfreunde schon durch knöcheltiefen Schnee waten.

Natürlich war auch beim Xangverein die Sexmesse das Hauptthema gewesen. Jeder wusste etwas, aber keiner würde hingehen. Behaupteten sie.

Nur der Kellner in ihrem Probenlokal hatte leutselig bekannt, dass er und sein Chef schon einen Besuch bei den Rachelnippeln geplant hatten. Schließlich hätten sie an diesem Wochenende das Haus voll mit Gästen, die entweder Besucher der Messe oder Aussteller waren.

Sexheftldrucker, Pornofilmer, Dildotandler, Sado-Maso-Trainer, Swingerclubbetreiber: Die ganze Sexindustrie gab sich ein Stelldichein hier in Frauenau!

Nachdem sich in den Pandemiejahren alles eher im Verborgenen abgespielt hatte, schien die Branche jetzt wieder einen Boom zu erleben.

„Grad zweng der Sexmess hamma voll belegt im Hotel!“, hatte der Kellner gestrahlt und seine gewaltige Zahnlücke gezeigt. „Einen Haufen Aussteller und Messebesucher hamma da bei uns im Hotel. Sunst waar um de Zeit, Mitte Dezember, koa Sau in der Au.“

Diese Rede des Kellners klang Max auf seinem Heimweg noch in den Ohren.

Der Ex-Kommissar liebte es, an solchen Abenden durch den Ort zu spazieren. Dort, wo es finster war, wurde einem fast nicht bewusst, dass es schneite, aber in den Lichtkegeln der Straßenlaternen, da schienen alle die weißen Flocken sich zu sammeln, um langsam und sanft auf die Erde niederzuschweben.

Es war ganz still im Dorf, kein Auto fuhr, kein Hund bellte und selbst die eigenen Schritte knirschten nur leise im Schnee. Frauenau hatte einen Schalldämpfer aufgesetzt bekommen.

Nach den zehn Minuten, die Max vom Probenlokal nach Hause brauchte, sah er aus wie ein Schneemann.

Obwohl es schon nach zehn war, packte Max Esterl noch die Schneeschaufel und befreite den Eingangsbereich ihres Hauses und große Teile der Zufahrt zur Garage vom Schnee, der locker und somit leicht zu schieben war.

So würde es morgen früh viel einfacher für ihn sein mit dem Schneeschaufeln. Was weg war, war weg! Max freute sich, dass sein Rücken das Schaufeln locker mitmachte. Hatte die Rückenschule schon gewirkt?

Oder waren es die drei Bierchen während der Gesangstunde, die ihn locker gemacht hatten?

Nachdem er sich vor ihrem Hauseingang ordentlich gebeutelt und sich gleichzeitig den Schnee vom Anorak geklopft hatte, ging Max ins Haus.

Schon von draußen hatte er gesehen, dass im Wohnzimmer Licht brannte: Eva war noch wach und las.

„Schneit´s wirklich so kräftig wie es aussieht, Max?"

„Ich glaub´, in den letzten drei Stunden hat es einen Viertelmeter herg´haut. Wenn´s noch a bissl weitertut, und wenn mein Kreuz keine Spuchten macht, dann geh i morgen Langlaufen. Tuast mit?"

Max wusste, dass Eva am Freitag jeweils nur die ersten drei Stunden Unterricht hatte.

„Auf alle Fälle, Max. Du kannst morgen früh schon unsere Skier herrichten."

Vor dem Zu-Bett-Gehen schaute Max Esterl, wie fast jeden Abend, noch einmal vors Haus.

Das Schneegestöber hatte sich gelegt, es flankerlte nur noch ein wenig, die Straßenlaterne schnitt einen weißen Fleck aus der Dunkelheit.

Die jetzt nicht mehr so dichten Schneewolken ließen immer wieder den Mond zwischen ihren Lücken hervorluren, der Wind war fast gänzlich eingeschlafen und die Natur hatte sich eine dichte, weiße, alle Geräusche schluckende Haube zugelegt. Kein Laut war zu hören, bis auf das leise Scharren eines Nachbarn, der die Fahrt zu seiner Garage vom Schnee befreite, um am frühen Morgen sofort zur Arbeit starten zu können.

Am nächsten Tag, kaum dass sich die Sonne über den weißglitzernden Rachel hinweggeschoben hatte, war Max Esterl schon dabei, seine und Evas Langlaufskier aus ihrem Winterquartier in der Schupfa hinter der Garage zu befreien und herzurichten. Das dauerte nicht lange, denn die beiden fuhren Schuppenskier. Das Präparieren von klassischen Wachsskiern, so fand Max, war eine Wissenschaft für sich und beim Skaten fiel er nach spätestens hundert Metern auf die Nase. Mit den No-Wax-Skiern waren sie zwar langsamer als die meisten anderen Langläufer, dem Max aber waren der Naturgenuss und die Bewegung im Freien wichtiger als die Geschwindigkeit und die Zeit, die sie für eine Runde brauchten. Eva dachte genauso.

Nachdem Max die Skier präpariert hatte, räumte er das bisschen Pulverschnee auf seiner Garageneinfahrt zur Seite, das seit gestern Abend noch vom Himmel gefallen war. Die Rückenschmerzen waren fast schon vergessen.

Dann zog er seine Langlaufklamotten an, machte sich eine Tasse Kaffee und las die Teile der Zeitung, die er beim Frühstück nur überflogen hatte, während er auf seine Frau wartete.

Mit Kopfschütteln betrachtete der Ex-Kommissar die Sonderseiten, die dem Lokalteil anlässlich der „Erotikmesse Rachelnippel" beigelegt waren.

Drei Seiten mit Anzeigen und eine Seite Text!

Die Anzeigen waren so aufgemacht, dass diese die Grenzen der Sittlichkeit nicht überschritten. Natürlich wollten die Zeitungsverleger einerseits Gelder für die Inserate kassieren, sie durften aber andererseits ihre konservative niederbayerische Leserschaft nicht verprellen.

Es war unglaublich, was bei so einer Messe alles angeboten wurde und womit Menschen meinten, ihr Sexualleben verbessern zu können. Von der Hundemaske aus schwarzem Leder über Folterwerkzeuge bis hin zu den exotischsten Varianten von Dildos gab es alles, was das Herz begehrte.

Nur das Herz selber, so fand Max Esterl, spielte hier keine Rolle mehr. Es ging um Techniken, Absurditäten – und natürlich ums Geschäft.

Max legte die Sonderseiten beiseite. Er hatte nichts gegen Erotik. Im Gegenteil: Sie war ein wichtiger Bestandteil seines Lebens.

Aber sie war halt nur eine von vielen Facetten, die sein Leben schön machten.

Max musste lachen und genau in dem Augenblick kam seine Eva zur Tür hereingeschneit.

Sie sah ihren Mann, am Küchentisch sitzend, die erotische Werbebeilage vor sich auf dem Tisch, wie er laut lachend den Kopf schüttelte und immer wieder „na, naa…möchst net glaub´n!" ausrief.

Auf Evas Frage, was ihn denn an dem Sexwerbeblättchen so belustige, stieß Max lachend hervor, dass er sich gerade vorgestellt habe, wie er mit seinen Schafkopffreunden nackt im Bräustüberl, ihrem Stammlokal, sitze und einen Schafkopf spiele. Alle hätten sie lederne Hundemasken auf und jeder sei mit Eisenketten an den Stuhl gefesselt.

Wer ein Solo verliere, bekomme von der silikongestopften Kellnerin zur Strafe fünf Peitschenhiebe übergezogen.

Eva schüttelte den Kopf über soviel Unsinn und ging ins Schlafzimmer zum Umziehen. Nach fünf Minuten schon stand sie im Langlaufanzug vor Max:

„Stausee oder Oberlüftenegg?"

Max überlegte ein paar Augenblicke.

Die Loipe im Langlaufzentrum Oberlüftenegg oberhalb von Frauenau war jetzt sicher schon präpariert. Die Frauenauer waren schnell mit der Loipenpflege, das hatte Max in den beiden Wintern, die er jetzt schon hier wohnte, gemerkt. Und so waren bestimmt auch schon etliche Langläufer dort unterwegs.

Max aber wollte die Natur diesmal, das erste Mal in diesem neuen Winter, zu zweit mit Eva genießen. Er wollte es, nachdem er im vorigen Jahr einen folgenschweren Skiunfall überstanden hatte (siehe Max Esterl und der schwarze Storch!), langsam angehen lassen. Und er wollte sich dabei nicht zuschauen lassen und alle paar hundert Meter Auskunft geben müssen über seinen derzeitigen Fitnesszustand.

„Talsperre!"

Max Esterl zog seinen warmen blauen Anorak an, sie beide packten Skier und Stöcke ins Auto und fuhren zum Rachelparkplatz nach Oberfrauenau. Dort parkte Max den Wagen und sie konnten starten.

Erst einmal ging es nach oben Richtung Rachel.

Eine einzige Skispur zeichnete sich auf der Forststraße ab, und diese ließ sich schon ganz gut benutzen.

Der Schnee war pulvrig-leicht und er war dicht genug: Nirgendwo auf der Schotterstraße stießen die Esterln an Steine, die ihnen den Skibelag aufgerissen hätten.

Max musste sich erst wieder an das Langlaufen gewöhnen, aber schon nach etwa zweihundert Metern wurden seine Bewegungen runder, rhythmischer, und er spürte, wie er gut vorwärtskam. Eva lief vor ihm und machte die Spur, die schon da war, noch ein wenig tiefer. An ein Gleiten war natürlich nicht zu denken, es ging bergauf und die Spuren waren noch nicht genug ausgefahren.

Der Wald, durch den sie hochstiegen, lichtete sich an der linken Straßenseite. Nur einzelne Birken senkten ihre Köpfe unter der Schneelast. Von hier, das wusste Max, hatte man im Sommer immer einen herrlichen Blick.

Eva stoppte, wartete auf ihren Mann und zeigte mit ihrem Skistock in die Ferne.

„Ist das nicht schön?"

Der Arber lag da drüben: Majestätisch, mit seinem weißen Schultertuch, das er sich seit gestern Nacht übergestülpt hatte.

Dem Arber würde Max nach Weihnachten einen Besuch mit seinen Abfahrtsskiern abstatten, wenn der größte Tourismustrubel dort vorbei war. An einem Wochentag, wenn die Einheimischen unter sich waren.

Jetzt aber ging es weiter nach oben, an der Flanke des Kleinen Rachel entlang.

Nach etwa zwanzig Minuten, Max war schon warm geworden, zweigte der Rachelsteig von der Forststraße ab. Eva und Max gingen geradeaus, nicht Richtung Rachel, wohin die Spur ihres unbekannten „Vorläufers" wies. So würden sie in einem sanften Bogen über eine Abfahrt hinunter zum See kommen.

Obwohl die Abfahrt dem Max als nicht zu gach in Erinnerung war, hatte er doch Respekt vor ihr. Der Skiunfall im Böhmerwald voriges Jahr hatte Spuren in seinem Hirn hinterlassen. Mentale Spuren.

Jetzt aber verdrängte der Ex-Kommissar erst einmal seine Gedanken. Sie waren an einem Platz angelangt, von dem aus man jetzt im Winter, wenn die Buchen kein Laub trugen, hinunter zum Trinkwasserspeicher blicken konnte.

Schwarz lag der langestreckte See da, der weiße Schneerahmen, der die Wasserfläche umgab, verstärkte diese Schwärze noch, die nur hin und wieder gebrochen wurde von einem silbernen Kräuseln der Wasseroberfläche.

Nach einigen Minuten, Eva musste natürlich dieses Motiv mit ihrem Handy an 15 Follower verschicken, ging es weiter. Erst noch eine Zeit lang eben dahin, dann kam die Abfahrt.

Zum Glück bremste der frische Schnee doch so erheblich, dass aus der Abfahrt ein gemütliches Hinunterrutschen wurde.

Nur einmal verlor Max Esterl sein Gleichgewicht. Er ruderte vor und zurück und setzte sich lieber in den Schnee, als noch einmal so unkontrolliert nach unten zu brettern wie im vorigen Winter.

Als das Aufstehen erst beim dritten Versuch hinhaute, wurde Max Esterl wieder einmal deutlich, dass er alt geworden war: Noch nicht klapprig, aber doch schon deutlich reduziert in seinen Möglichkeiten. Beim Senioren-Biathlon würde er keinen Preis mehr gewinnen. Nicht das Schießen wäre sein Problem und auch nicht das Laufen, sondern das Aufstehen vom Liegendschießen. Max hatte eben fast eine Minute dazu gebraucht. Kruminale!

Nach weiteren fünf Minuten waren die beiden Eheleute unten am See.

Max wollte nach links, um die Dammkrone und damit das Sträßchen nach Oberfrauenau auf dem kürzesten Weg zu erreichen.

„Magst nicht noch um den See herumlaufen, Max?“

Eva hatte ihre Skier schon in die andere Richtung gewendet.

„Das dauert kaum eine halbe Stunde länger. Es ist soo wunderbar heut´!“

Zögernd stimmte Max Esterl zu.

Einerseits wollte er sich für´s erste Mal nicht zu viel vornehmen, andererseits fühlte er sich gut, und der Schnee und das Wetter waren viel zu schön, um jetzt schon den Rückweg anzutreten.

Auch Max wendete und folgte in den Spuren seiner Frau den See entlang, bis sich die Forststraße gabelte: Geradeaus ging es hinauf zur Hochschachtenstraße, sie aber bogen nach links ab.

Jetzt kam eine kleine Abfahrt bis zum oberen Ende des Sees und dann führte ihr Weg am anderen Ufer wieder zurück bis zum Staudamm.

Kurz bevor sie in die Abfahrt starteten, wandte sich Eva zu ihrem Mann um:

„Hörst du nichts, Max?“

Max Esterl, der vor Jahren im Dienst ein Schusstrauma erlitten hatte, war auf einem Ohr halb taub. Er lüftete seine graue, gestrickte Skimütze und lauschte.

„Was soll ich hören?“

Das Knirschen des Schnees beim Vorwärtsgehen und die Geräusche der Skistöcke beim Einsatz würde Eva wohl nicht gemeint haben.

„Irgendwo hör´ ich Musik. So ein seltsames Gedudle."

Max lachte. „Das ist das Christkindl. Das feiert heute noch eine Party, bevor es nächste Woche alle Kinder beglücken muss."

Er selber hörte nichts. Keine Musik, kein Gedudle.

Als Max nach der Abfahrt zum Stillstand kam, hörte er es auch.

Kruminale! Musik – hier am hintersten Winkel des Stausees!

Eva stand kopfschüttelnd da und blickte entgeistert.

„Jingle Bells", entfuhr es ihr, „im Discosound!"

Je näher die beiden Langläufer dem Ende des Stausees kamen, desto lauter und deutlicher wurden die Discobeats.

Und jetzt sahen sie es.

Auf der Wiese, die sich von der Forststraße, auf der sie liefen, bis hinunter zum Seeufer erstreckte, standen zwei Campingbusse und davor, Richtung See, ein Zelt.

Nicht irgendein Zelt, das ein Wildcamper aufgestellt hatte, sondern ein zwei Meter hohes Luxuszelt aus rotem Samtstoff, verziert mit Goldgirlanden, ein Zelt, wie es vielleicht einem Feldmarschall aus der Barockzeit zugestanden hatte oder einem Passauer Fürstbischof auf der Jagd.

Und aus dem Zelt hörten Eva und Max Töne, die nicht nach Barock klangen, sondern nach Billigdisco und Rüscherl und Cola-Weizen.

„Tatsächlich Jingle Bells! Ich glaub mich trifft der Schlag!"

Eva setzte ihre Langlaufstöcke ein und schob sich noch näher ran, Max folgte ihr.

Und dann sah Max die Kameras, die auf den Platz vor dem Zelt gerichtet waren, und dann sah er einen Regisseur, der mit großen Gesten Anweisungen gab, und dann sah er die Mädels.

Junge, schöne Frauen, die halb- oder ganz nackt vor den Kameras posierten, hier, mitten im Schnee, nur mit Weihnachtsmannstiefeln und -mützen bekleidet, Barbusige, die beim Refrain „Jingle Bells, Jingle Bells" ihre Brüste rhythmisch ruckeln ließen wie Wackelpudding.

„Jingle all the day!"

Einige von ihnen hatten Champagnergläser in den Händen und prosteten einem weißbärtigen Weihnachtsmann zu, Dieser saß auf einer Kutsche, der ein rentierähnliches, lebensgroßes Plüschvieh vorgespannt war. Hinter der Rentierkutsche war ein Riesenplakat aufgezogen, das Max allerdings nicht richtig einsehen konnte: Die Kutsche versperrte ihm den Blick.

Niemand schien Notiz vom Ehepaar Esterl zu nehmen, das Filmteam war zu beschäftigt.

Max wollte noch ein wenig näher ran, aber Eva reichte es. Sie blieb kopfschüttelnd stehen. Max jedoch schob mit seinen Stöcken die Skier ruckerlweise ein wenig nach vorne, um den Platz vor dem Zelt auch voll einsehen zu können.

Was er sah, ließ auch Max Esterl immer wieder seinen Kopf schütteln und ein „Kruminale" nach dem anderen ausstoßen.

Jetzt wurden die Weihnachtsfrauen mit einem Riesengebläse wieder warmgefönt, die Kameras und die Kutsche wurden anders platziert und dann begann die Tanzerei erneut. Max Esterl konnte einen Teil des riesigen Werbebanners erkennen, das bisher hinter der Rentierkutsche versteckt war.

„Ra…", las Max. Er schob sich weiter nach vorne, Richtung Filmteam. „Rachel…". Noch ein kleiner Stockschub…

Kruminale, das war ein Schub zu viel gewesen!

Max Esterls Skier waren in Bewegung geraten, er bekam Rücklage, mit Schrecken erinnerte er sich an seinen folgenschweren Unfall vom Vorjahr, „nicht noch einmal!“, schoss es ihm durch den Kopf, während er versuchte, sein Gleichgewicht wieder zu erlangen. Das gelang Max Esterl schon entschieden besser als damals im Böhmerwald: Er konnte sich auf den Skiern halten, wenn auch heftig rudernd und schlingernd.

Er konnte allerdings nicht verhindern, dass er auf das Filmset zufuhr. Eine der Weihnachtsfrauen hatte am ehesten bemerkt, was da auf sie zukam und, den als Champagner getarnten Rotkäppchensekt verschüttend, die Flucht ergriffen.

„Pozor – Vorsicht – Aufpassen – ein Verrückter!“, schrie es durcheinander, während Max Esterl die Szene wahrlich filmreif durchquerte und schließlich Halt an der Rentierattrappe fand.

Jetzt stand er direkt vor dem Werbebanner, das ihn mit seinen Riesenbuchstaben fast erschlug:

„RACHELNIPPEL“ stand da. Das hätte er sich eigentlich denken können! Und „HEISSE WINTERTAGE!“, konnte Max entziffern. Kruminale!

Der Regisseur, dessen Kopf eine ungesunde Röte angenommen hatte, baute sich vor dem gerade seine Skistöcke aufklaubenden Max auf.

„Was machst du da, du Idiot? Siehst du nicht, dass wir hier filmen?“

Max stammelte ein paar Worte der Entschuldigung.

Der Regisseur mit seiner inzwischen ranenroten Rübe redete sich immer mehr in Rage. Er beschimpfte den verdattert dastehenden Ex-Kommissar aufs Wüsteste und machte sogar Anstalten, auf ihn loszugehen.

Max ging in Verteidigungshaltung, aber mit den Skiern an den Füßen würde er nicht die Spur einer Chance haben gegen den rabiaten Regisseur.

Max Esterl brachte kein Wort heraus. Der Regisseur holte voller Zorn aus…

Da aber stoppte ihn ein lauter Warnruf:

„Was macht ihr denn da? Das gibt´s doch nicht!", und dann kam seine Eva auf ihren Skiern herangezischt, legte einen Bremsschwung hin, dass der Schnee das Weihnachtsfrauengeschwader bis zu den Wackelbusen hoch einstaubte und kam genau vor dem Gifthaferl von Regisseur zu stehen.

Auch sie hatte einen roten Kopf.

„Auweh!", dachte Max bei sich. Und „Kruminale"! Der Regisseur wollte er jetzt nicht sein.

Er kannte seine Eva.

Deren Augen blitzten, als sie den Regisseur zusammenfaltete.

„Bevor sie hier den großen Zampano spielen: Zeigen sie erst einmal die Genehmigung, dass sie hierher fahren und drehen dürfen!

Das, was sie hier machen ist illegal und strafbar! Sie befinden sich auf dem Gebiet des Nationalparks Bayerischer Wald."

Eva zückte ihr Handy und begann zu fotografieren.

„Ich rufe jetzt die Polizei, dann ist ihr Erotikcamp in einer Viertelstunde geräumt und sie können eine Polizeiaktion filmen statt ihrer erbarmungswürdigen Nacktmodelle, bei denen die Gänsehautwimmerl schon größer sind als ihre Brustwarzen!"

Kruminale! Diese Wortwahl hätte Max Esterl seiner Frau nicht zugetraut!

Und der Regisseur, gerade eben noch ein Macho, wie er im Buche stand, wurde kleiner und kleiner.

„Entschuldigung, das war eben nicht so gemeint. Wir wollten halt schnell fertig werden, weil es so kalt ist. Sie sehen ja, wie die Mädels frieren".

Da kam der Erotikfilmer an die Richtige:

„Mich friert auch nicht, aber ich bin auch anständig angezogen. Also, was ist? Abbruch, aber flott!"

Jetzt verlegte sich der Porno-Direktor aufs Bitten.

„Wir hätten eh nur noch eine Viertelstunde gebraucht. Ein kleines Viertelstündchen! Können wir ihnen was anbieten?" Er wandte sich zur Regieassistentin: „He Carla, gib doch der Dame ein Glas Sekt! Und dem Herrn ein paar Freikarten für unsere Erotikmesse."

Das war eigentlich schon wieder eine Frechheit! Max Esterl stand der Mund immer noch offen, als die Assistentin Carla, die einzige weibliche Person aus diesem Zirkus, die vollständig bekleidet war, einige Schritte auf ihn zu machte und ihm, trotz seiner Abwehrbewegungen, ein Kuvert in die Tasche seines blauen Anoraks steckte.

Erst jetzt war Max wieder fähig, sich zu bewegen.

„Wir fahren mit den Skiern nach vorne, zur Dammkrone", beschied Eva inzwischen den Pornoleuten.

„Das dauert ungefähr eine halbe Stunde. Wenn wir von dort vorne", Eva deutete auf den Staudamm, „nicht sehen, dass ihr das alles hier abgebrochen habt, dann rufen wir die Polizei. Dann wird es teuer für euch! Das kann ich garantieren."

Eva wendete, setzte ihre Skier in Bewegung und rauschte davon, ohne sich noch einmal umzuschauen.

Max Esterl beeilte sich, hinterherzukommen. Die Verrenkungen bei seiner unfreiwilligen Slapstickeinlage hatten seinem Rücken nicht gut getan. Das Ziehen war wieder da.

Erst als sie schon wieder auf der Straße Richtung Damm war, holte er seine Frau ein.

Atemlos keuchte er ein „Kruminale, dem hast du´s aber gegeben“ hervor und versuchte gleichzeitig seine eigene, sonderbare Untätigkeit zu entschuldigen: „Ich war so baff, dass ich gar nicht reagieren hab können. Hast gesehen, wie es mich mit den Skiern fast vor die Weiber hingeschmissen hat? Das Rentier war meine Rettung. Kruminale!“

Eva lachte.

„Ihr Männer! Einer wie der andere. Kaum seht ihr ein paar nackte Hintern, ist es schon um euch geschehen und ihr verliert nicht nur die Sprache, sondern auch den Verstand. Gib´s zu, Max Esterl: Du wärst lieber an so einem nackten Busen gelandet als an einem Plastikrentier!“

Die Spannung der beiden entlud sich in lautem Gelächter.

Als sie über den Staudamm querten, richteten sie ihre Blicke natürlich nach hinten, hin zum anderen Ende des Sees.

Das Zelt war abgebrochen, die zwei Busse fuhren gerade weg.

6. Kap.: Vorbereitungen

Max Esterl wäre an diesem Wochenende am liebsten mit Eva weggefahren. Ganz spontan zum Skifahren nach Österreich oder zum Eishockeyschauen mit Pepi nach Pilsen oder sogar nach Horska Kvilda zum Langlaufen, womit sich allerdings für ihn wegen seines Langlaufunfalls im vorigen Jahr immer noch schmerzhafte Erinnerungen verbanden.

Eva aber widerstand seinen Urlaubsplänen:

„Jetzt, eine Woche vor Weihnachten! Ja was glaubst du denn, wer die Weihnachtsvorbereitungen erledigen soll? Die letzte Woche hab´ ich noch Schule bis einen Tag vor Heiligabend, da brauche ich das Wochenende davor unbedingt."

Auf Max Esterls schüchternen Einwand hin, dass sie sich keinen Stress machen solle mit den Vorbereitungen, wurde Eva ganz schön giftig:

„Du machst ja nichts für Weihnachten! Du schreibst keine Weihnachtsgrüße! Du kaufst keine Geschenke für das Enkerl und für die Jungen! Du backst keine Plätzchen – du isst sie nur! Du schaust nicht nach dem Christbaumschmuck, ob alles noch komplett ist. Ich glaube, du weißt nicht einmal, wo ich den verstaut habe."

Max wagte noch einen Einwand:

„Aber den Christbaum, den besorge ich, bei meinem Freund…". Mit den Worten „…Emil, dem Förster", wollte Max diesen Satz beenden, aber Eva hatte sich so in Rage geredet, dass sie ihren Gatten gar nicht aussprechen ließ.

„Klar, weil du den kennst und weil ihr zwei dabei immer einige Schnapserl kippt, der Emil und du. Am Nachmittag des Heiligen Abends! Und dann haust du den Baum noch schnell schief in den Christbaumständer und legst dich hin und schläfst dein Räuscherl aus, um zum Bratwurstessen vor der Bescherung wieder fit zu werden, während ich den Baum schmücke und gleichzeitig den Kartoffelsalat abschmecke! Nein, Max Esterl. Wir fahren nicht weg an diesem Wochenende. Du kannst mir beim Plätzchenbacken helfen, dann bist du weg von der Straße und weit weg vom Gistl und den Rachelnippeln."

Nach diesen deutlichen Worten wollte Eva eigentlich schon kehrt machen und ihren Mann stehen lassen. Aber bei der Erwähnung der Rachelnippel fiel ihr wieder ein, was der Max ihr vor kurzem mitgeteilt hatte: „Fortfahren geht ja eh nicht, Max! Weißt du denn nicht mehr, wer am Wochenende zu uns kommt?"

Max schaute seine Frau fragend an.

„Am Wochenende? Dieses Wochenende?"

„Ja, dieses Wochenende!"

„Sag´s mir."

„Kommt dieses Wochenende nicht die Irmi vom Roten Herz zu uns?"

Eva Esterl schüttelte verständnislos ihren Kopf. „Hast du das schon wieder vergessen?"

„Die Irmi, tatsächlich! Kruminale! Die hab´ ich grad total verdrängt."

Max war es peinlich: Schon wieder so ein Aussetzer!

7. Kap.: Ein seltsamer Fund

„Wos is an ejtz des? Kreuzsakrament, des aa no!"

Hubert, der Arbeiter der lokalen Baufirma, die den Auftrag hatte, die Sanierungsarbeiten am Frauenauer Gistlsaal durchzuführen, setzte den Meißel seines Boschhammers ab. Er wischte sich mit seiner freien Hand den Schweiß und den grauen Staub vom Gesicht. Den halben Vormittag schon war er damit beschäftigt, hier, im Kellergeschoß des Gebäudes, eine Zwischenmauer einzureißen. Eine Mauer, die es eigentlich nicht geben durfte. In den über hundert Jahre alten Bauplänen des einstmals größten Veranstaltungssaales im Bayerwald war diese Mauer auf jeden Fall nicht verzeichnet.

„Die muss weg", hatte der Architekt verlangt, „die ist überflüssig."

Huberts Capo hatte zur Eile gemahnt. Die Sanierung des denkmalgeschützten Gebäudes zog sich jetzt schon viele Wochen und immer wieder gab es Hindernisse, die den Baufortschritt verzögerten:

Hier ein alter, in früheren Zeiten nicht entdeckter Wasserschaden, dort eine Stelle, an der altes Gebälk schon verrottet und morsch war.

Und jetzt die Zwischenmauer. Wieder ein halber Arbeitstag verloren.

Und dann auch noch die Kisten, auf die Hubert gerade gestoßen war und die der Grund für seine Flüche waren. Nichts konnte nach Plan laufen in dem alten Gemäuer. Hubert hatte das schon vorher gewusst. Er hatte es schon gewusst, als der Gemeinderat vor drei Jahren die Sanierung beschlossen hatte. Ein Millionengrab!

Bis Jahresende sollte der Bau fertig sein, denn dann, 2024 war das große Gründungsjubiläumsjahr der Glasmachergemeinde Frauenau: 700 Jahre Frauenau!

Währenddessen ging im Bürgermeisterzimmer des Frauenauer Rathauses gerade eine Besprechung zu Ende:

„Also, Max, dann ist alles klar und ich kann auf dich zählen."

Max Esterl war nicht ganz wohl bei seiner Entscheidung. Er stöhnte ein wenig genervt, doch dann gab er sich einen Ruck:

„Gern mach ich´s nicht, aber ich versteh´ dich. Und wenn ich den Arbeitskreis Verkehr und Sicherheit damit los bin, dann passt es schon." Max Esterl reichte dem Frauenauer Bürgermeister die rechte Hand und schlug ein.

Franz Bredl lächelte entschuldigend:

„Ich kann da nicht hin, das geht nicht. Der Bürgermeister auf der Sexmesse! Da zerreißen sich die Auerer das Maul. Und meine Frau erst! Und wenn die da ein Foto von mir schießen, dann bin ich geliefert! Was das für eine Wahlkampfmunition ist! Das kannst du dir gar nicht vorstellen!"

„Und meine Frau, moanst, sagt nichts?"

„Die Eva, die ist doch cool. Du hast bestimmt auch früher schon, quasi beruflich, mit so Sachen zu tun gehabt."

Der Bürgermeister seufzte tief.

„Bitte tu mir den Gefallen, Max! Schau dich um, ob alles sauber und in Ordnung ist, mehr brauchts nicht. Über Kleinigkeiten werden wir hinwegsehen, aber Sauereien dulden wir nicht. Du musst auch nicht selber einschreiten, das geht dann alles über mich. Und, Max, nimm doch die Eva mit.

Den Eintritt für euch zwei erledigt natürlich die Gemeinde Frauenau."

Sich auf der Erotikmesse umschauen, ob alles in Ordnung war: Das klang schon besser als Arbeitskreis Verkehr und Sicherheit. Ausgerechnet Sicherheit. Einmal Cop, immer Cop. Beim Gedanken an diesen dummen Satz entfuhr dem

Max sein Lieblingsfluch, der den Kolleginnen und Kollegen in München, so hatten sie bei seiner Verabschiedung geflachst, am meisten abgehen würde: „Kruminale!“

Wie oft war Max Esterl während seines Berufslebens schon mit solchen lästigen Aufgaben betraut worden?! Dabei hatte er doch seit seiner Pensionierung sich viel mehr zur Kultur hingezogen gefühlt, hatte alle Werke des Böhmerwalddichters Karl Klostermann gelesen, war gerade dabei, die Bayerwaldautoren zu entdecken:

Den baltischen Burgherren von Weißenstein, Siegfried von Vegesack, den Paul Friedl vulgo Baumsteftenlenz, einen Zwieseler Autor, an den er sich aus seiner Jugendzeit noch gut erinnern konnte, den Max Peinkofer, die Emerenz Meier.

Und er war beim Männergesangverein.

„Du hast doch auch Verbindungen hinüber, auf die andere Seite der Grenze“, hatte der Bürgermeister weiter argumentiert. „Die Erotikmessenbetreiber sind fast alle von drüben. Du kennst dich da aus, dein Schwiegersohn kommt aus dem Böhmerwald, Max Esterl, dann bist du ab jetzt auch unser Bindeglied da rüber.“

„Dann fragt doch gleich meinen Schwiegersohn und nicht mich“, hatte Max Esterl schon auf der Zunge, aber er schwieg.

Der Bürgermeister kramte in einer Schublade seines Schreibtisches und zog zwei Eintrittskarten hervor, die Max bekannt vorkamen.

„Freikarten.“

Max erinnerte sich an sein gestriges Erlebnis am Stausee.

„Danke, Freikarten hab ich selber.“ „Eine ganze Menge“, wollte Max noch hinzufügen, als es dezent an der Tür klopfte und die Vorzimmerdame sofort ihren Kopf hereinsteckte:

„Da ist jemand.“

„Mia samma glei fertig."

„Er sagt, es pressiert." Die Sekretärin überdrehte ihre Augen und deutete mit den Händen an, dass die Sache dringend war. „Irgendwas mit dem Gistlbau", konnte sie noch sagen, bevor ein Mann in über und über staubiger Arbeitskleidung sich an ihr vorbeidrängte.

„Ja, Burgermoasta, der Capo schickt me", presste der Arbeiter hervor, den staubbedeckten Hut in seinen Händen drehend, „du sollst unbedingt sofort af d´Baustell kemma, mir hamma, mir hamma da…was gfundn."

„Ja, verrammts es hoit", gab der Bürgermeister ungeduldig zurück, „und doat´s weiter. Hamma eh scha in Verzug!"

„Mia kimma aber net weiter doa ohne di. De Kistn, de hand wos ganz Bsonders. Oiss schaut so, so wertvoll aus, Schlösser hand dro. Mir kannt ma´s scha aafzwicka, de Schlösser, aber der Capo hat gsagt, i soi di hoin."

Der Bürgermeister schaute Max Esterl an und sagte keine Silbe. Der Ex-Kommissar verstand trotzdem.

Wortlos folgte er dem Maurer, der eine Staubspur zurückließ, und dem Bürgermeister, von dem erst zukünftige Generationen würden sagen können, ob auch er Spuren hinterließ.

Die Strecke vom Rathaus bis zum Gistl legten die drei in wenigen Minuten zu Fuß zurück. Der Maurer führte den Bürgermeister und den Ex-Kriminaler hinein in den langgestreckten Anbau des Gebäudes, in dem der große Saal untergebracht war. Im Trakt zwischen Wirtshaus und Saal führte eine Treppe nach unten zum Keller und zum Heizungsraum.

Unten wurden Bredl und Esterl schon vom Capo erwartet, einem kräftigen, bärtigen Mittfünfziger, der sie gestenreich und mit einem wahren Wortschwall empfing, der das erkaltete Zigarillo in seinem Mund auf und nieder tanzen ließ. Er führte die Zwei in einen niederen Gewölberaum, der voll mit Abbruchschutt war. Der Capo wies den Bürgermeister – den Max ignorierte er – vor allem darauf hin, dass er und seine Arbeiter auf keinen Fall den neuerlichen Verzug zu verantworten hatten.

„Erst de Scheiß Zwischenmauer und dann na de Truhan: De hamd uns grad na gfejt!"

Die rechte Hand des Capos deutete auf drei große hölzerne, über und über vom Mörteldreck bedeckte, mit verstaubten, aber edel aussehenden Metallgriffen versehene Truhen, die inmitten der Mauerreste standen. Eine davon, die vorderste, war ein wenig abgewischt worden, so dass zumindest der Deckel frei lag.

Der Capo drehte die Arbeitslampe so, dass der Lichtstrahl genau auf ein Metallschild fiel, das auf der Deckelmitte angebracht war.

Der Bürgermeister wischte es mit seinem Taschentuch blank.

„Isidor Gistl", konnte Max Esterl, der sich wie der Bürgermeister zur Truhe hinuntergebeugt hatte. im Lichtstrahl der Arbeitsleuchte entziffern.

„Isidor Gistl, das war doch dieser sagenhafte Besitzer der Glasfabrik hier in der Au, der den Saal und den ganzen Komplex da gebaut hat."

Max Esterl wollte Kompetenzen in Frauenauer Heimatkunde beweisen.

„Ja, Max, und ich frage mich, was er uns hier hinterlassen hat."

Immer wieder schüttelte der Bürgermeister den Kopf.

„Wos soi ma ejtz doa, mit de Kistn?“, meldete sich ungeduldig der Capo, dem natürlich daran gelegen war, möglichst schnell wieder weiterarbeiten zu können.

„Tragt´s es affe, in Saal eine, da kimma´s dann aufmocha, oder naa, tragt´s es ins Nebenzimmer.“

Der Bürgermeister wandte sich Max Esterl zu:

„Wer weiß, was drinn is. Des muaß ned glei jeder sehgn.“

Bald schon sollte sich herausstellen, dass der Gemeindevorstand recht hatte:

Zwei kräftige Arbeiter hievten die Kisten über die Treppe nach oben in einen Seitenraum, der Bürgermeister und Max folgten ihnen.

Max war neugierig auf den Inhalt der Truhen und er sah dem Gemeindeoberhaupt an, dass es diesem ebenso erging.

„Soll ma´s aafsprenga?“ Der Capo hatte ein schweres Brecheisen in der Hand und beugte sich über eine der Truhen.

Der Bürgermeister sah zu Max herüber. Der schüttelte den Kopf. „Holt einen Schlosser.“

Für den Pankratz-Schlosser, der seinen Betrieb eigentlich schon längst stillgelegt hatte und seine Rente genoss, stellten die drei Schlösser eine Viertelstunde später kein Problem dar: Eines nach dem anderen öffnete er mit Kriechspray, einem Dietrich und mit viel Gefühl.

Die Umstehenden konnten sich vor Neugier kaum beherrschen. Max Esterl hätte die sensationslustigen Gaffer – inzwischen hatte sich fast die ganze Handwerkerschaft in das Seitenzimmer gedrängt – aus dem Raum gewiesen, so wie er es aus seiner Dienstzeit gewohnt war. Tatorte waren tabu für das Publikum.

Noch bevor Max seine Meinung äußern konnte, hatte der Bürgermeister schon begonnen, den Deckel der Truhe zu öffnen: Langsam zog er den Griff in die Höhe. Die Spannung stieg. Alle Zuschauer beugten sich nach vorn, um ja nichts zu verpassen.

Der erste Blick ins Innere ließ die Menge ein Stöhnen der Enttäuschung ausstoßen. Papier, Papier, Papier!

Als aber der Bürgermeister mit beiden Händen tiefer unter die Papierwutzerl hineinwühlte, leuchteten seine Augen. Er ergriff etwas Schweres, zog seine Hand vorsichtig aus der Truhe und begann, dieses Etwas, dessen längliche Form sich unter der Verpackung abzeichnete, langsam auszuwickeln.

„Glas", raunte einer der Umstehenden, worauf der Bauarbeitercapo unwirsch reagierte:

„Wos hättst an du denkt? Da herin in da Gloshütt´n? Dass ma da Sogschoitn (=Sägespäne) findnd oder Handgranatn?"

Max konnte hören, wie sehr den Capo die Verzögerungen nervten.

Dann aber, als der Bürgermeister seinen Fund ans Licht des Baustrahlers hielt, staunte der Bauleiter ebenso wie alle Umstehenden und die Mäuler der Gaffer standen weit, weit offen.

Eine Vase war es, die das Gemeindeoberhaupt da in seinen Händen hielt, eine längliche, schlanke Vase, deren Oberfläche im Lampenlicht vom Grün ins Blau irisierte und deren elegant geschwungene, zerbrechlich erscheinende Form dem Max sofort ins Auge fiel. Das war keine gewöhnliche Vase, das sahen jetzt alle und die gestammelten Aaahs und Ooohs der Überraschung gingen jetzt über in komplexere Ausrufe wie „mein Gott, is des schee", „des gibt´s ja net" bis hin zu einem „leck mi´n Arsch, des is ja Kunst!", mit dem einer der Herumstehenden den Fund sehr richtig einordnete.

Jetzt erst begann der Bürgermeister so recht zu begreifen, was er da vor sich hatte, und er ordnete an, dass alle Anwesenden, außer ihm, dem Capo und dem „Max Esterl von der Kripo" den Raum zu verlassen hatten.

Der Capo, der natürlich nicht glücklich über die weitere Verzögerung war, maulte ein wenig, der Bürgermeister aber machte ihm klar, dass er für den Abtransport der Truhen zuständig sein werde.

„Wohin sollen wir sie bringen?"

Der Gemeindevorsteher überlegte kurz, dann legte er die Vase vorsichtig zur Seite, nestelte sein Handy aus der Gesäßtasche seiner Jeans, wählte eine Verbindung und fragte:

„Kann man das Lager im Keller, wo das Papier und die Prospekte sind, gscheit zusperren? Notfalls mit einem Vorhängeschloss versehen? Das geht. Gut!...

Könnt ihr da ein bisserl ausräumen?...

Übereinanderstapeln geht auch. Platz für drei Truhen brauchen wir halt, so drei Meter mal zwei insgesamt....

Das erklär ich dir später. Räumt´s erst einmal frei! Ja, sofort! Wir kommen in der nächsten halben Stunde mit den Truhen."

Der Bürgermeister verstaute sein Handy wieder in seiner Hosentasche.

„Hast noch Zeit, Max?"

„Warum?"

„Du kannst den Zeugen machen, wenn wir die drei Truhen auspacken. Da bin ich vorsichtig. Ich bin kein Fachmann, aber wenn alle Stücke in den Truhen so wertvoll sind, wie die Vase, die wir gesehen haben, dann ist es besser, einen unabhängigen Zeugen zu haben. Meinst nicht? Und

Fachleute brauche ich, welche, die was vom Glas verstehen. Jemanden vom Glasmuseum vielleicht."

Max Esterl schaute auf seine Armbanduhr. Schon halb Elf.

Um Elf musste er daheim sein. Spätestens.

Seine Frau Eva, die Lehrerin am Zwieseler Gymnasium war, würde heute erst um eins, nach der sechsten Unterrichtsstunde heimkommen, und seine Ziehtochter Anna, die mit ihrem Mann Toni im gleichen Haus wie die Esterln wohnte, musste zu einem Augenarzttermin ins nahe gelegene Zwiesel.

Kriminalkommissar a.D. Max Esterl hatte einen Überwachungsauftrag zu erfüllen.

Josefine, sein „Enkerl", wie Max sie gerne nannte, musste beaufsichtigt werden. Das duldete keinen Aufschub.

Max hob entschuldigend seine Schultern:

„Ich muss heim, Franz, das Enkelkind hüten. Am Nachmittag, so ab zwei, halb drei, hätt´ ich wieder Zeit. Wenn du keinen findest, der dir den Zeugen macht, dann ruf an. Und… bitte", der Ex-Kommissar deutete auf die Truhen, „ruf auf alle Fälle an und informiere mich über den Inhalt. Ich bin gespannt, wie das hier weitergeht."

8. Kap.: „Ditte gack!

Josefine, die Enkelin, war mittlerweile fast zwei Jahre alt. Sie war, wie man so schön sagt, der Sonnenschein für ihre Großeltern und besonders der Opa hatte sie in sein Kriminalerherz geschlossen, ein Herz, das in Maxens Berufszeit kaum einmal mitfühlend sein durfte. Sonst hätte er das alles, was er in seiner Dienstzeit mitansehen und miterleben musste, wohl nicht derpackt.

Jetzt war Max überglücklich, dass er endlich in Großvaterliebe zerfließen durfte. Das war natürlich dann ganz einfach, wenn die Kleine mal zu den Esterls in die Wohnung gleich nebenan kam und sich vom Opa Geschichten erzählen oder sich sonstwie unterhalten ließ, oder wenn sie mit ihm im Garten tobte, sich auf die Schaukel setzen und anschuckern ließ.

Heute war es nicht so einfach mit der Fini.

Anna, ihre Mutter, war mit ihr, kaum dass Max daheim war, in die Esterlsche Küche gekommen. Fini lief auf ihren Opa zu, hantelte sich mit seiner Hilfe an seinen Beinen hoch und setzte sich auf seinen Schoß.

„Also, Max…"

Max spitzte widerwillig seine Ohren. Jeder Satz, der mit also begann, wollte ihn belehren.

„Also, ich bin um zwei, spätestens um halb drei wieder daheim, je nachdem, ob ich beim Augenarzt in Zwiesel warten muss oder nicht. Erst spielst du ein wenig mit ihr. Um zwölf ungefähr ist es dann zum Essen. Die Fini ist das so gewöhnt.

Die Eva hat mir gesagt, dass du das Essen von gestern aufwärmen kannst. Sauerbraten, oder?"

Anna schaute ihren Ziehvater fragend an.

„Sauerbraten mit Knödel und Soße. Das wärme ich auf."

„Ja, Max, für Fini braucht es nur Knödel mit Soße. Das mag sie gern. Und schau, dass die Knödel nicht zu heiß sind, sonst weigert sich die Fini zu essen und dann hast du ein Problem?"

Max zog fragend seine Augenbrauen hoch.

„Ich? Ein Problem?"

„Naja, die Fini isst halt auch dann nichts mehr, wenn das Essen wieder die richtige Temperatur hat, sie ist da ein wenig…ein wenig eigen."

„Das kriegen wir hin", versicherte Max zuversichtlich, wonach Anna sich verabschiedete. Bevor sie die Tür hinter sich zumachte, wandte die Mutter sich noch einmal um.

„Und vergiss nicht: Nach dem Essen schläft sie ein Stündchen. Gib ihr den Ditzl, ohne den geht es nicht, leg sie einfach aufs Kanapee im Wohnzimmer und deck sie ein wenig zu. Danach wird ja die Eva schon von der Schule nach Hause kommen und ich bin dann sowieso auch schon bald wieder daheim. Und wenn die Fini bieseln muss, dann setz sie aufs Haferl. Seit zwei Wochen ist sie so weit, dass sie am Tag keine Windeln mehr braucht und sie ist ganz stolz darauf. Sie wird dir das zeigen wollen. Ihr habt ja ein Haferl."

„Ich weiß: Bei uns im Bad, in der Badewanne steht´s."

„Dann ist ja alles gut."

Anna winkte der Fini ein letztes Mal zu und verschwand.

Max nahm sein Enkelkind, setzte es vor sich auf den Küchentisch und repetierte im Geiste. Das waren mehrere Anweisungen gleichzeitig gewesen.

Fini drehte an ihrem Ditzl.

Erst Spielen, dann Knödel mit Soße aufwärmen, aber nicht zu heiß, dann Schlafen. Mit Ditzl.

Wann hatte die Anna gesagt, sollte das mit dem Haferl sein?

Egal, das würde sich schon zeigen.

„Spielen", lächelte die Kleine ihren Opa an. „Spielen."

Spielen war für den Opa kein Problem.

Er nahm die Fini vom Tisch, ging mit ihr ins Wohnzimmer und setzte sie dort auf den Boden. Dann holte er die große Holzkiste mit den Spielsachen, die in der Ecke neben dem Kachelofen stand.

Max überlegte kurz, ob er sich auf einen Stuhl neben die Kiste und Fini setzen sollte, das wäre die für ihn bequemere Lösung gewesen.

Aber wenn er mit seiner Enkeltochter spielen wollte, musste er noch eine Etage tiefer gehen.

„Wart´, Fini, der Opa spielt mit dir", ächzte Max Esterl, während er sich auf dem Wohnzimmerboden niederließ. Früher war so eine Bewegung für ihn überhaupt kein Problem gewesen, jetzt aber musste er erst einmal in die Hocke gehen, sich dann mit seinen Händen abstützen, um sich anschließend mit einer Rollbewegung seitlich auf den Boden zu legen.

Der war zum Glück schön warm. Fußbodenheizung!

Während der Opa mit Mühe die Bodenlage erreichte, hatte sich die Fini schon eifrig daran gemacht, das Spielzeug aus der Kiste zu nehmen und im Zimmer zu verteilen.

Besondere Freude machte es ihr, mit Legosteinen um sich zu werfen.

Fini saß neben der Kiste, lachte vergnügt hinter ihrem Schnuller hervor und beschmiss ihren Opa, der die Steine geschickt fing oder ihnen auswich. Nach fünf Minuten war die Kiste leer und die Spielsachen lagen überall im Wohnzimmer herum:

Auf dem Teppich, unterm Tisch, im Topf der großen Yuccapalme. Einige hatten sogar den Weg unter den Schrank mit den schönen Gläsern gefunden, der das Wohnzimmer der Esterln zierte.

„Spielen", lächelte die Kleine wieder. Sie erwartete offenbar, dass ihr Opa die Spielsachen erneut in die Holzkiste räumen würde und sie ihr Wurfspiel fortsetzen könne.

Der Opa aber hatte andere Vorstellungen davon, wie Spielen auszusehen hatte.

„Lego bauen?", versuchte er die Fini zu animieren und setzte einige der Steine zu einer kleinen Mauer aufeinander.

„Lego bauen, Fini!"

Die kleine Fini patschte in ihre Hände, rief erneut „Spielen!", nahm die Legomauer und schmiss sie mit einer blitzschnellen Bewegung in die Richtung, in der das Esterlsche Fernsehgerät stand.

Dann leerte sie die Kiste ganz und bemerkte, mit einem vorwurfsvollen Blick zu ihrem Großvater: „Leer. Spielen!"

Der zweite Anlauf des Großvaters, ein „vernünftiges" Spiel mit seiner Enkelin zu beginnen, scheiterte ebenso schnell wie der erste. Fini wollte werfen und der Opa sollte ihr die verschossene Munition wieder besorgen.

Immer wieder versuchte der große Max die kleine Fini zum Legobauen zu animieren, immer wieder aber pfefferte die Fini ihre Bausteine in die Weiten des Wohnzimmers.

Kruminale, wo hatte die Kleine bloß diese Energie her?

Nach einer halben Stunde hatte Max Esterl Hüftschmerzen vom schrägen Herumrutschen auf dem Wohnzimmerboden, die Schulter, die er sich im Vorjahr beim Langlaufen verletzt hatte, tat weh und er hatte überhaupt keine

Lust mehr, immer und immer wieder die Spielsachen aufzusammeln, die seine Enkeltochter unermüdlich durch die Gegend warf.

Ein Blick auf die Uhr machte dem Opa wieder Mut:

Kurz vor zwölf! Jetzt wurde es Zeit für das Mittagessen.

„Essen, Fini! Hast scho Hunger?"

Die Augen der Fini blitzten.

„Eschen", wiederholte sie bejahend, ohne den Ditzl aus ihrem Mund zu nehmen. Der Opa zog sich ächzend und mühselig am Wohnzimmertisch hoch, nahm seine Enkelin an der Hand und hinterließ das Wohnzimmer als Legoschlachtfeld.

Das Aufwärmen des Essens war eine der leichteren Übungen für den Großvater. Souverän bewältigte er diese verantwortungsvolle Tätigkeit. Die Soße nicht zu heiß werden lassen, dann das Latzerl umbinden, den Hochstuhl an den Tisch stellen. Was fehlte noch?

„Dein Löfferl, gej, Fini, dein Löfferl für des guate Essn, den guatn Sauerbratn. Schmeckt´s dir, die Soss, Fini?"

Erleichtert beobachtete Max, wie die Fini ihren Ditzl zur Seite legte und zu Essen begann. Zunächst ganz vorsichtig. Den ersten Löffel schob sie behutsam an ihr kleines Mäulchen, sie spitzte ihre Lippen, und schleckte andächtig an der braunen Soße.

Fini schien sowohl mit der Temperatur als auch mit dem Geschmack des ihr vorgesetzten Essens einverstanden zu sein:

Den ersten halben Knödel verputzte sie so schnell, dass ihr Großvater fast nicht mit dem Herschneiden der Knödelteile mitkam.

„Brav, Fini, brav tuast essen, so mag´s der Opa. Tua nur fleißig essen, Fini! Brav!"

Die Fini hatte, angefeuert von einem begeisterten Großvater, auch schon fast den anderen halben Knödel verdruckt, als sie auf einmal den Löffel bei Seite legte, den Inhalt ihres Mundes auf den vor ihr stehenden Teller spuckte und „Biesln“ flötete.

Das rief bei Max Esterl ein wenig panische Reaktionen hervor.

„Glei bring i s´Haferl“, rief er, ließ die Fini, die sich sofort wieder ihren Ditzl geschnappt hatte, in ihrem Hochstuhl sitzen und spurtete ins Bad.

Zum Glück war das Haferl dort, wo es sein sollte und Max lief zurück in die Essküche. Es dauerte einige Zeit, bis Max seine Enkelin aus dem Hochstuhl befreit hatte, aber er schaffte auch, immer wieder „hoit´s no aus“ rufend, diese Klippe, zog der Fini die Strumpfhose und das Unterhoserl runter bis auf die Knie und setzte sie auf den Topf.

Keinen Moment zu früh! Kruminale!

Der Opa hörte, wie ein kräftiger Urinstrahl gegen die Wand des Plastikhaferls plätscherte und er hörte, erfreut und stolz auf sein entschlossenes, schnelles Handeln, wie die Fini immer wieder versonnen „Wiese-Biese, Wiese-Biese“ summte.

Dann, nach kurzer Zeit, änderte sich das Gesumme. Das lyrische „Wiese-Biese“ ging in ein hartes „Gacki“ über. Die Fini hatte ihre Sitzung ausgeweitet und verrichtete nun ihr „großes Geschäft“.

Gacki! Kruminale! Darauf war der Opa Max nicht eingestellt gewesen, als er den Topf so überhastet geholt hatte. Großes Geschäft. Danach brauchte man bestimmt jede Menge Klopapier.

„Bleib sitzen, Fini, I hol grad a Papier zum Abputzen. Bleib schön sitzen und tu weiter Gacki!“

Max hastete ins Bad, schnappte sich eine der Klopapierrollen, die auf einer Konsole neben dem WC als Vorrat lagerten und eilte sofort wieder zur Fini zurück, weil diese inzwischen schrie wie am Spieß.

Als Max ins Wohnzimmer stürzte, bot sich ihm ein Bild des Jammers:

Die Fini saß immer noch auf dem Topf, aber ihr Gesichtchen war rot angelaufen und ganz verzerrt von dem Geschrei und Geplärr, das sie veranstaltete, die Tränchen liefen ihr über die Wangen, sie hielt ihren verschmutzten Ditzl in der Hand und rief immer wieder: „Ditte gack! Ditte gack!"

Der Ex-Kommissar hatte schon Zeit seiner beruflichen Laufbahn das Talent besessen, Tatvorgänge messerscharf analysieren zu können. Diese Gabe kam ihm auch jetzt zu Gute:

Der Josefine war wohl in der kurzen Zeit, als ihr Großvater seine Aufsichtspflicht (zwar aus nachvollziehbaren Gründen, aber dennoch…) vernachlässigt hatte, der Schnuller aus dem Mund in das verkotete Töpfchen gefallen und sie hatte diesen schnell wieder herausgezogen und vermutlich in ihren Mund gesteckt.

„Ditte gack!" – Das war die nur allzu verständliche Reaktion darauf. Mit anklagendem Blick hielt die Fini dem Opa den Schnuller entgegen und heulte weiter, was die Stimmbänderchen hergaben. Max nahm den Schnuller und hielt ihn mit Daumen und Zeigefinger.

Was war zu tun?

Fini schrie und schrie.

Max erinnerte sich an den Ratschlag von Finis Mutter: „Nach dem Essen schläft die Fini. Gib ihr den Ditzl, ohne den geht es nicht."

„Ohne Ditzl geht es nicht, aber mit dem Ditzl geht es auch nicht. Kruminale!“

Den Ditzl auszukochen würde zwanzig Minuten dauern, wo der Schlüssel zu Annas Wohnung war, wusste Max natürlich nicht und einen Ersatzditzl fand er in der Eile auch nicht.

Max tat erst einmal das, was am dringendsten geboten war:

Er beugte sich zu Fini hinunter, säuberte ihren Hintern und versuchte sie zu beruhigen.

Ohne Schnuller aber war dies ein schier unmögliches Unterfangen. Die Fini weinte inzwischen schon nicht mehr, sie plärrte.

Max setzte das Kind auf seine Knie und schaukelte.

Fini plärrte.

Er hob die Kleine über seinen Kopf in die Höhe, ließ sie halb fallen und fing sie wieder auf.

Fini plärrte und plärrte.

Wann Anna heimkommen würde, war nicht sicher, aber Eva musste doch bald wieder da sein. Um Eins, hatte sie gesagt.

Max sah auf seine Armbanduhr. Kurz vor Eins. Kruminale! Hoffentlich ließ sich seine Frau nicht noch durch ein kollegiales Gespräch im Lehrerzimmer aufhalten und hoffentlich musste sie in Zwiesel nicht noch irgendeinen Einkauf erledigen.

Seit der kleine örtliche Supermarkt geschlossen hatte, waren die Frauenauer darauf angewiesen, ihre Besorgungen in Zwiesel zu machen.

Max Esterl legte sich mit seiner Enkelin auf das Wohnzimmersofa, vielleicht konnte sie sich dort beruhigen.

Finis Plärren ging jetzt tatsächlich in ein Himferzen über, so hatte man zu Max Esterls Kinderzeiten gesagt, ein leises Weinen, das immer wieder unterbrochen wurde von lauten

Seufzern und dem Hinaufziehen der Rotzglocke, die sich inzwischen gebildet hatte. Fini hatte ihren rechten Daumen im Mund und suckelte daran.

Das schien Max ein gutes Zeichen. Die Fini könnte sich ja in den Schlaf weinen. Irgendwie kamen Max die Erinnerungen an seine eigene Kindheit: Wie reinigend und wohltuend war es gewesen, wenn man nach dem Weinen ein paar Mal tief und erschöpft durchschnaufen konnte, wenn die Tränen zu trocknen begannen und einem die Augen zufielen.

Finis Seufzer wurden tiefer und des Großvaters Hoffnungen wurden größer.

Nicht für lange.

Der Daumen war doch kein rechter Ersatzditte und das Lamento begann von vorne:

Fini fing erneut zu plärren an. Und das Haferl, das Max immer noch nicht geleert hatte, roch inzwischen ziemlich unangenehm.

Jetzt war die Geduld des Opas zu Ende. Eva kam und kam nicht, Anna war frühestens in eineinhalb Stunden zu erwarten. Es musste etwas geschehen!

Max nahm die Kleine auf den rechten Arm und eilte mit ihr, in seiner Linken das Haferl, ins Bad, um wenigstens die Geruchsbelästigung loszuwerden.

Während er den Inhalt des Topfs ins Klo schüttete, fiel Esterls Blick auf das Desinfektionsspray, das seit den Coronazeiten im Esterlschen Bad direkt neben dem Waschtisch stand.

„Ohne Ditzl schläft sie nicht!“, hatte Anna ihm eingeschärft.

Der Ditzl war verschmutzt und musste desinfiziert werden! Kruminale!

Max eilte, sein Enkerl auf dem Arm, ins Wohnzimmer, holte das für Fini überlebenswichtige Dutzerl, wusch es kräftig unter warmem Wasser, übersprühte es mit Desinfektionsmittel, ließ das Mittel eine Minute einwirken, wie er es im Erste-Hilfe-Kurs gelernt hatte, wusch es nochmals, ging in die Küche, tauchte es in Honig und steckte es seiner Fini in das sich sofort öffnende Mäulchen.

Fini lächelte selig.

Eine Viertelstunde später fand Eva Esterl die beiden.

Sie schliefen tief auf dem Wohnzimmersofa.

„Na bitte", schmunzelte Eva, „geht doch!"

9. Kap.: Plötzlicher Reichtum?

„Max, ein Anruf für dich!"

Max Esterl rieb sich die Augen und peilte die Situation. Er lag auf dem Wohnzimmersofa, neben ihm schlief friedlich die Fini, und es war halb zwei.

„Der Bürgermeister", flüsterte Eva, als sie ihrem Mann den Hörer überreichte.

Max war mit einem Schlag hellwach.

Fünf Minuten später hastete er im Eiltempo hinunter zum Rathaus, wo ihn der Bürgermeister schon erwartete.

„Der Wahnsinn!", war dessen erster Kommentar. „Das musst du dir anschauen! Diese drei Kisten, die wir im Keller des Gistlsaals entdeckt haben! Das ist ein…, ein Sensationsfund hoch drei, Max. Ich hab schon die Redakteurin des Bayerwald Boten angerufen, der Fund kommt ja wie gerufen zu unserer 700-Jahr-Feier, da hätte uns gar nichts Besseres passieren können als so was. Unglaublich!"

Mit diesem Wortschwall zog der Bürgermeister den Ex-Kommissar die Treppe nach unten, in den Rathauskeller, wo in einem Raum, der nach Aktenablage aussah, die drei alten Holzkisten standen. Jemand hatte sie oberflächlich vom Staub befreit. Vom Staub der Jahre, die sie da unten in ihrem Kammerl verbracht hatten und vom Staub der Abbrucharbeiten, die ihnen unverhofft ans Tageslicht geholfen hatten.

Der Bürgermeister öffnete das bereits entsperrte und notdürftig wieder hindrapierte Schloss der ersten Kiste.

„Ich zeige dir jetzt nur ein paar Stücke. Du wirst staunen, wie schön die sind. Natürlich müssen wir das alles auspacken und registrieren, der Inhalt der Kisten hat ja einen ungeheuren Wert."

„Und wie sind die Kisten da hinunter gekommen in den Verschlag unterm Gistlsaal und haben dort jahrzehntelang ihren Dornröschenschlaf gehalten?", forschte der Ex-Kriminaler nach.

Franz Bredl lachte:

„Schau dir das Begleitschreiben an, das wir in der ersten Kiste gefunden haben! Der Gistl war ein mit allen Wassern gewaschener Geschäftsmann. Er hat alles dokumentiert.

Jedes Glasobjekt ist da auf einer Liste mit Kurzbezeichnung beschrieben, alles bis ins Detail! Damit werden sich unsere Experten vom Glasmuseum beschäftigen müssen. Und dann hab´ ich gedacht, dass wir auch einige der alten Auerer Glasmacher hinzuziehen."

Der Bürgermeister lächelte zufrieden:

„Wir haben doch hier in Frauenau die besten Experten der Welt! Nirgendwo findest du mehr Wissen um das Glas als hier."

„Noch", warf Max Esterl ein. Die große Epoche des Glases war vorbei in Frauenau. Das gläserne Herz des Bayerischen Waldes schlug nur noch schwach.

„Isidor Gistl", fuhr Franz Bredl unbeirrt fort, „hat damals schon kapiert, was das Glas später einmal wert sein könnte."

Der Bürgermeister fischte ein altes, vergilbtes, dickes Couvert aus der bereits offenen Truhe, öffnete es vorsichtig und überreichte dem Ex-Kommissar einige zusammengefaltete Papierstücke.

„Da, lies!"

Max faltete die DIN A 4-großen Blätter sorgfältig auseinander, nahm seine Brille aus der Tasche, setzte sie auf und las:

„Frauenau, den 28. Oktober 1946" stand da in altertümlichen Schreibmaschinenlettern.

„Quittung.

Die in beiliegender Liste aufgeführte Glasware ist im Oktober 1946 von Herrn Hasenkopf Franz, Glasm., Klostermühle 26 ½, in Unterreichenstein/Böhmen für eine Summe von 800.-RM und eine Stange Lucky Strikes-Zigaretten an Herrn Isidor Gistl, Komm.Rat, Frauenau, verkauft worden.

Herr Hasenkopf versichert, dass das Glas zu mehr als der Hälfte aus seinem persönlichen Besitz stammt und von ihm hergestellt wurde.

Der andere Teil stammt aus der Musterkollektion der Glasfabrik Klostermühle (Altmann von Althausen, vorm. Lötz) und sollte nicht in die Hände der tschechischen Revolutionsgarden fallen, welche das Glas zerstört oder gestohlen hätten. Herr Hasenkopf versichert wiederum, dass keine rechtmäßigen Erben mehr da seien.

Das Glas aus dem Besitz der Familie Hasenkopf ist auf der beiliegenden Inventarliste mit einem „H" gekennzeichnet, das aus der Klostermühle mit einem „K".

Frauenau, den 28. Oktober 1946

Verkäufer:	*Käufer:*
Franz Hasenkopf	*Komm. Rat Isidor Gistl"*

Darunter standen zwei Unterschriften:

Die krakelige eines Menschen, der sein Leben lang an der Glasmacherpfeife gearbeitet hatte und die schwungvoll-kräftige eines Glasmagnaten.

Auf den anderen Blättern waren alle in den Truhen befindlichen Glasobjekte fein säuberlich beschrieben.

Max Esterl las:

„Schale, mittelgroß, iris-blau - -H-

Vase, 50 cm, mit orangerotem Überfang, Floraldekor und Schmetterling - -H-

Fußschale aus lila Opal unterfangenem Glas, fliederfarben - -K-

Hohe Jugendstilvase aus hellgrünem Glas mit Fadendekor, geschnürter Rundfuß - -H-

Jugendstilvase, Entwurf Franz Hofstötter, 1900, Pariser Weltausstellung. -K-"

So ging es weiter, einige Seiten lang.

„Weißt du, Max, was das bedeutet?"

Der Bürgermeister sah den Kommissar a.D. mit seinem breitesten Politikerlächeln an und gab sich gleich selbst die Antwort auf seine Frage:

„Ich habe im Internet nachgeschaut, zu welchen Preisen die Lötz-Gläser gehandelt werden. Volltreffer, Max! Da haut´s dir an Vogl awa." Franz Bredl verfiel in den Waldlerdialekt und seine Augen wurden groß wie Fünfmarkstücke.

„Fast nix unta zwoatausnd! Unter zweitausend! ---- Euro!", setzte der Bürgermeister auf Hochdeutsch hinzu, als Max ungläubig schaute.

„Ich hab´s mal kurz überschlagen, Max:

In diesen Kisten lagert ein Wert von etwa hundertfuchzig- bis zweihundertfuchzigtausend Euro. Das ist fast die Hälfte des Anteils der Gemeinde an der Sanierung des Gistl-Baus. Ein Glückstag ist das heute, Max, ein Glückstag für Frauenau!"

Max sah die Sache ein wenig kritischer.

„Franz, überleg doch: Gehört das Glas überhaupt der Gemeinde? Da brauchst du auf alle Fälle juristischen Rat und Beistand. Schau dir die Kaufverträge für den Gistlkomplex genau durch. Ist das ganze Inventar mit eingeschlossen?

Und dann: Willst du das Glas wirklich verkaufen? So einen historischen Fund? Der gehört doch zusammengehalten! Wer hat dann genug Geld für so ein Gesamtpaket?

Das Glas verschwindet in den Vitrinen schwerreicher Sammler. Will Frauenau das als Glasgemeinde?"

„Daran hab´ ich auch schon gedacht, Max. Aber da schwebt mir schon eine Lösung vor."

„Und?"

„Wir verkaufen an den Bayerischen Staat, an das Glasmuseum. Dann haben wir das Geld und das Glas bleibt trotzdem bei uns, in Frauenau."

„Raffiniert! Und woher weißt du, dass der Preis dann nicht weit unter dem liegt, den du dir vorgestellt hast?"

Der Bürgermeister lachte.

„Ich bin Politiker, Max, und da halte ich mich an Vorbilder. Ich bin zwar nicht bei der Staatspartei, aber was die Sauters und die Tandlers zusammenbringen, das kann ein kleiner Dorfbürgermeister auch. Ich mach´s wie die: Erst auf eine Notsituation hinweisen, einen scheinbaren Mangel. Wie bei den Coronatests, da haben die´s auch so gemacht.

Ich habe ein Top-Produkt, das der Staat unbedingt braucht.

Aber alle anderen wollen dieses Produkt auch und wollen natürlich viel dafür bezahlen. Schwerreiche Sammler aus der Schweiz und aus Österreich, das Victoria and Albert Museum in London, das Corning Museum in New York: Alle sind sie scharf auf diese einmaligen Glasobjekte!

Weil ich so ein großartiger und staatstragender und selbstloser Mensch bin, biete ich dem Bayerischen Staat dieses Produkt zuerst an. Zum angeblichen Vorzugspreis: Dreihunderttausend!

Dann gebe ich ein wenig Gas und beschleunige: Die anderen haben ihre Angebote erhöht. Um ein Vielfaches erhöht. Von über Fünfhunderttausend aus Japan ist die Rede! Ich als Bürgermeister muss natürlich auf das Wohl der Gemeinde schauen und werde, ja ich muss sogar dieses tolle Angebot von reichen Privatsammlern annehmen.

In drei, nein zwei Tagen läuft die Frist ab."

Der Bürgermeister grinste triumphierend.

„Tandlern heißt diese Taktik seit den Corona-Zeiten. Noch nie was davon gehört?"

Max Esterl schüttelte zweifelnd seinen Kopf.

„Ob das so hinhaut, wie du dir´s vorstellst?"

„Hat bei der Tandlerin auch geklappt. Und nichts können sie ihr nachweisen. Nichts! Sie sitzt zwar jetzt – aber wegen Steuerhinterziehung!"

Der Bürgermeister packte die Glasobjekte, die er dem Max präsentiert hatte, wieder in die Truhe und lächelte seinem Gegenüber zu:

„Jetzt werden wir das Glas erst einmal in Ruhe inventarisieren, dann sehen wir weiter."

„Vergiss nicht, einen Juristen zu fragen. Und noch was: Wo willst du eigentlich euren Schatz lagern? Hast du daran schon gedacht? Da herunten im Rathauskeller ist kein guter Platz. Heute schon macht die Nachricht von dem Glasfund in der Au ihre Runde, morgen weiß man´s überall. Da wird einigen Sammlern schon der Mund wässrig werden. Wenn die für zehntausend Euro eine Einbrechertruppe organisieren, können sie das Dreißigfache sparen!"

Der Bürgermeister wand sich ein wenig. Diese Frage schien ihm unangenehm.

„Ich hab´ schon im Glasmuseum angefragt. Die sind natürlich heiß auf diesen Fund, richtig scharf sind die drauf. Aber zum Jubiläumsjahr Anfang Januar eröffnen sie im Museum ihre eigene große Ausstellung „700 Jahre Frauenau – 500 Jahre Frauenauer Glastradition". Die meisten Objekte für diese Ausstellung lagern schon seit Wochen in den Kellern des Museums. Die haben absolut keinen Platz mehr."

„Dann sichert wenigstens den Keller im Rathaus ab! Installiert ein Alarmsystem!"

Auch diese Bemerkung war dem Bürgermeister unangenehm.

„Nächste Woche kommt ein Spezialist aus Zwiesel. Der macht das."

Esterls kritischer Mine begegnete der Bürgermeister mit einem Schulterzucken und einem entschuldigenden „Geht nicht schneller! Mir ist ja auch nicht wohl dabei, aber es hilft nichts."

Als Max das Rathaus verließ, sah er, dass auf dem Rathausparkplatz gerade die Lokalreporterin des Bayerwald Boten aus ihrem Auto stieg und ihre Fotoausrüstung aus dem Kofferraum holte.

Kruminale! Ab morgen würde ganz Deutschland von dem Glasfund wissen. Und halb Tschechien und halb Österreich!

10. Kap.: Besitzrechte?

Als Max Esterl am nächsten Morgen vors Haus trat, um die Zeitung aus dem Briefkasten zu holen, traf ihn ein heftiger Windstoß, der ihm fast den Bayerwald Boten aus der Hand riss.

Die strenge Kälte, eigentlich eher ungewöhnlich für die Zeit vor Weihnachten, hatte ein wenig nachgelassen, es begann zu tauen, die Föhnwolken kündigten nichts Gutes an.

Hoffentlich war an Weihnachten nicht wieder so ein Sauwetter wie im vorigen Jahr. Irgendwie schlummerten tief in Max Esterl immer noch die Weihnachtsbilder seiner Kinderzeit, in der sich die Schneehaufen meterhoch türmten und seine Schulkameraden und er die ganzen Weihnachtsferiennachmittage bis hinein in die frühe Dunkelheit auf dem Ski- oder Schlittenhang verbrachten.

Max schaltete die Kaffeemaschine ein und freute sich auf den ersten Schluck. Während er darauf wartete, dass die Maschine die braune Brühe ausspucken würde, zerpflückte er schon einmal die Tageszeitung.

Den Kopfteil mit den Welt- und Deutschlandnachrichten legte er vorläufig noch zur Seite, der kam zum Schluss dran, dafür brauchte Max Zeit.

Den Sportteil würde er auch später studieren, der konnte warten.

Der Lokalteil war es, der ihn heute besonders interessierte. Max blätterte.

Hier! Sofort fiel ihm die Schlagzeile ins Auge, die von einigen Fotos und einem langen Textteil ergänzt wurde.

„Sensationeller Glasfund in Frauenau

Ein Bauarbeiter findet bei den Umbauarbeiten am Gistlsaal in Frauenau in einer bisher verborgenen Kammer 3 große Truhen.

Als die Truhen im Beisein des Hausherrn, Frauenaus 1. Bürgermeister Franz Bredl, geöffnet werden, steht dieser vor einer Sensation!

Gestern Vormittag entdeckte der 46-jährige Bauarbeiter Hubert M. in einer bisher unzugänglichen Kellerkammer des Frauenauer Gistlsaals im Rahmen von Renovierungsarbeiten 3 schwere, mit Vorhängeschlössern verschlossene große Truhen.

Der daraufhin verständigte Bürgermeister Bredl ließ die Truhen öffnen. Er und die Bauarbeiter waren überrascht von dem, was bei der Öffnung zum Vorschein kam.

Jede der Truhen enthielt etwa dreißig wertvolle Glasobjekte, größtenteils aus der Jugendstilzeit, die alle aus der damals weltberühmten Glashütte Lötz aus Klostermühle (heute Tschechien) stammen. In einer der Kisten fand sich ein Zertifikat über die Herkunft des Glases, das aber noch ausgewertet werden muss.

Wie das Jugendstilglas nach Frauenau kam ist bis jetzt noch völlig unklar. Der Bayerwald Bote hält seine Leser aber auf dem Laufenden."

Erst jetzt machte sich Max Esterl über sein Frühstück her und über den Rest des Lokalteils, der schon wieder zur Hälfte aus Werbung für die Erotikmesse bestand.

Nach fünf Minuten legte Max den Lokalteil mit der Sensationsnachricht auf den Platz, den er für Eva gedeckt hatte. Er hatte schon Geräusche aus dem Schlafzimmer gehört, gleich würde sie an den Frühstückstisch kommen.

Die Ereignisse im sonst eher schläfrigen Frauenau begannen sich gerade zu überschlagen. Und immer stand der Gistlkomplex im Mittelpunkt.

Gestern wurde ein Schatz dort gefunden. Ab morgen fand eine Erotikmesse dort statt!

Normalerweise interessierten Max Esterl die Internet-Ausgaben der Zeitungen nicht so sehr. Er war nicht scharf drauf, alle Nachrichten sofort im Netz anzuschauen. Er hatte Zeit bis zum nächsten Morgen, und er war eher ein haptischer Typ. Er wollte die Zeitung beim Frühstück in der Hand halten, sie Seite für Seite durchfieseln, sie zwischendurch auch wieder weglegen, um sich eine Tasse Kaffee einzuschenken oder ein Honigsemmerl zu schmieren, wollte, wenn Eva mit ihm am Frühstückstisch saß, auch mal mit ihr über ein Ereignis diskutieren.

Heute aber wurde er seiner Gewohnheit untreu.

Der Bayerwald Bote hält seine Leser auf dem Laufenden, war heute früh im Lokalteil gestanden.

Max loggte sich ein.

Schon bald stieß er auf die Nachricht, die ihn als Einzige interessierte, Neugierig las Max:

„Frauenauer Glasfund: Noch wertvoller als gedacht!

Wie der Bayerwald Bote vom Frauenauer Bürgermeister Bredl erfahren hat, handelt es sich bei dem Frauenauer Glasfund, über den wir gestern berichtet haben, offenbar um äußerst wertvolle Stücke, die ein Glasmacher der Glasfabrik Klostermühle aus dem Böhmerwald nach dem Ende des 2. Weltkriegs über die Grenze transportiert hat, um sie vor radikalen Vandalen zu retten. Er hat die Glasware, größtenteils Vasen, an den damals reichsten Mann in Frauenau, den Kommerzienrat Isidor Gistl, verkauft.

Lötz-Glas aus der Klostermühle bei Unterreichenstein/Rejstein gilt als besonders wertvoll und wird heute zu Höchstpreisen gehandelt.

Nachdem die Gemeinde Frauenau das Gistl-Gebäude vor mehreren Jahren mit allem Inventar erworben hat, ist sie jetzt Besitzerin des wertvollen Inhalts der im Keller entdeckten Truhen.

Der Frauenauer Bürgermeister zeigte sich äußerst erfreut über den Sensationsfund. Er hofft, dass der Bayerische Staat das Glas erwirbt und im Glasmuseum Frauenau ausstellt. Er will mit dem Erlös des Glasverkaufs einen erheblichen Teil der Eigenkosten der Gemeinde am Umbau des Gistlsaales bestreiten.

„So bleibt der Glasfund in Frauenau und die Gemeinde, das heißt jeder Bürger, hat auch etwas davon. Wir werden dadurch bald wieder schuldenfrei sein (siehe auch Bayernteil unserer Ausgabe!)“.

Max Esterl scrollte zum Bayernteil der Passauer Neuen Presse.

Dort waren der heutige und der morgige Artikel kurz zusammengefasst. Interessant war aber der Schluss der Meldung:

„Kaum dass der Fund bekannt wurde, sind auch schon Besitzrechte auf das wertvolle Glas angemeldet worden. Der Anspruch der Gemeinde Frauenau auf den Gistlfund wird bestritten durch:

Die Erben Lötz aus Österreich, die Erben Gistl und den Tschechischen Staat als Rechtsnachfolger der Glasfabrik Klostermühle in Unterreichenstein.“

11. Kap.: Studio II

Nachdem der erste Studioauftritt des Ex-Kommissars so angenehm und erfolgreich verlaufen war, kostete es Eva Esterl wenig Mühe, ihren Mann zu einem weiteren Besuch beim KSC zu überreden. Der Langlaufsturz an der Trinkwassertalsperre hatte keine Spuren hinterlassen und Max fing, zu Evas Verwunderung, sofort mit dem Packen seiner Sporttasche an, obwohl er um diese Zeit normalerweise seinen obligatorischen Mittagsschlaf abhielt.

„Ein wenig Radfahren wird mir bestimmt gut tun, nach der Anstrengung gestern bei der Langlauftour wird das die Beine lockern."

Sie war erstaunt über seine Meinungsänderung:

Bei seinem ersten Besuch hatte er noch über die „Trockenübungen" der Radlfahrer, der Ruderer und der Laufbandtreter gelästert: „Wenn ich Radfahren will", hatte er gesagt, „dann radle ich hinauf zu den Schachten, wenn ich rudern will, dann fahre ich mit dem Kanu auf der Moldau oder dem Regen und wenn ich laufen will, dann spiele ich in Buchenau Fußball mit meinen Freunden. Da geht mir das Herz auf - in der Natur! Wir wohnen mitten in den schönsten Wäldern Europas! Und ich soll mich in ein Studio zwängen! Kruminale!" Daran konnte sich Eva noch genau erinnern!

Heute freute er sich offensichtlich ganz besonders aufs Radfahren. Was wohl diese Stimmungsänderung bewirkt hatte? Seinen eigenen Radl-Heimtrainer hatte Max in den letzten Jahren kaum einmal angeschaut. Der verstaubte im Keller. Und jetzt war Max scharf aufs Radfahren.

Eva beschloss, dass ihr die Gründe für den Gesinnungswandel ihres Gatten egal sein konnten. Hauptsache, er tat was für seine Gesundheit und seine Fitness!

Schon als die beiden Esterln die Räume des KSC betraten, sahen sie, dass heute viel los war. Sehr viel sogar. Viel zu viel für einen frühen Freitagnachmittag.

Sie hatten sich schon gewundert, dass sie keinen Parkplatz bekommen und ihr Auto in einer Nebengasse hatten abstellen müssen.

Im Studio selber herrschte ein Stimmengewirr wie nach der Fastenpredigt beim Starkbieranstich, an der Theke drängten sich die Kunden so dicht, dass die freundliche Blonde vom letzten Mal nicht einmal Zeit hatte, sie zu begrüßen. Ein Nicken musste heute genügen.

Eva Esterl blickte um sich.

„Lauter Männer!", schrie sie ihrem Gatten ins Ohr, „lauter Männer!"

Der nickte nur abwesend, wie er es immer tat, wenn er nichts von dem verstanden hatte, was Eva gesagt hatte, und ging zielgerichtet die Treppe nach oben in den ersten Stock, wo sich die meisten der Räder befanden.

Eva Esterl beschlich ein Verdacht.

Warum waren heute ausschließlich Männer im Studio?

Warum wollte ihr Max ausgerechnet heute ins Studio?

Warum kamen für ihn heute ausschließlich die Trainingsfahrräder in Frage?

Als Eva die Treppe erklommen hatte und neben ihrem Mann oben am Treppenabsatz stand, erhielt sie die Antwort:

Alle Räder waren belegt von strampelnden Männern.

Und neben jedem Rad warteten schon wieder zwei oder drei Männer, um selber dranzukommen!

Und alle diese Männer waren bekleidet nach den neuesten Fitnessstudiotrends. Neongelb, neonrot, himmelblau, frühlingsgrün, kein Vogel, selbst der bunteste, schmückte sich mit so vielen Farben, wie sie hier vertreten waren.

Adidas, Maloja, Puma, Nike, Reebok, Schöffel, alle Sportswearbrands wurden hier präsentiert.

Und alle diese aufgegockelten Männer hatten ihre Blicke genau in Richtung der großen, bis zum Boden reichenden Fenster gerichtet, durch die man - Eva schaute zwei Mal hin - genau auf das Gistl-Gebäude sehen konnte!

Dort hatten schon zwei als Bunnys verkleidete Damen Stellung bezogen, die die ersten ankommenden Besucher der Erotikmesse begrüßten und ihnen etwas überreichten: Kleine, bunte Tüten, mehr konnte Eva nicht erkennen, obwohl sie sich angestrengt nach vorne gebeugt hatte.

Eva schüttelte fassungslos ihren Kopf.

Alle diese Männer waren nur aus einem Grund hier. Nicht weil sie trainieren wollten, nicht weil sie etwas für ihre Gesundheit tun wollten! Nein! Nur ihre Neugierde hatte sie heute hierher getrieben, ihre Sensationslust, ihre Spannermentalität.

Und ihr Max, so stellte sie fest, ihr Max war genauso!

Wieder schüttelte sie ihren Kopf.

„Ich geh jetzt!“

„Ich geh mit.“

Als die beiden mit ihrem Auto den Parkplatz verließen, zwängte sich ein Zuhälterporsche in die entstandene Lücke.

Eva schüttelte ihren Kopf zum dritten Mal:

„Dass du auch noch so blöd bist, Max!?“

Max zog seinen Kopf ein. Auf diese Frage, die eigentlich eine rhetorische war, gab es nichts zu antworten.

12. Kap.: Das Geständnis

Es war später Freitagnachmittag. Das ganze Dorf Frauenau war nervös und eine seltsame Spannung lag über dem sonst so beschaulichen Flanitztal.

Am frühen Vormittag waren noch die Handwerker im Gistlsaal gewesen, hatten Separees geschreinert, Messestände aufgestellt, Dekorationen gehängt, Fenster verhängt, Lichtinstallationen ausprobiert, hatten schließlich diverse Aussteller ihre Waren ausgebreitet und drapiert. Die kleine Bühne für die zwanzigminütige Erotikshow, die alle zwei Stunden stattfinden sollte, war aufgebaut, ebenso wie die Stangen, um die sich später leicht bekleidete junge Damen wickeln sollten und die Lautsprecherboxen.

Der Manager des Sex-Events und die tüchtige tschechische Wirtin inspizierten die Räume und waren zufrieden. Die Rachelnippel konnten starten. Der Einlass hatte schon begonnen.

Schon um drei Uhr war, von Zwiesel her kommend, der erste voll gespoilerte Luxusschlitten aufgetaucht, war langsam die Dorfstraße hinuntergerollt und hatte vor dem größten der vier Hotels am Ort Halt gemacht. Die Gardinen in den Fenstern der Nachbarhäuser bewegten sich wie durch Geisterhand. Neugierige Blicke verfolgten das Geschehen. Die große Welt war in das kleine Dorf gekommen. Der sündige Teil von der großen Welt!

Drei Damen stiegen aus und ruckelten mit ihren Rollkoffern übers Hofpflaster.

Ungeschminkt sahen sie aus wie Durchschnittshausfrauen. Dem Herrn, der sie begleitete, sah man seinen Beruf schon eher an: Goldketterl umklimperten sowohl seine Handgelenke als auch seinen muskulösen Hals, der einen kahlrasierten, über und über tätowierten Kopf zu tragen hatte. Mit dem würden die Gardinenlurer beim nächsten Kaffeekranzerl schon ein wenig angeben können.

Nach und nach hatten sich die Parkplätze hinter den Hotels gefüllt, die ersten Besucher standen bereits vor den Türen des zum Sexpalast umfunktionierten Gistlsaals.

Auch Eva und Max warteten auf ihren Besuch.

Es war schon finster, als der schwarze Skoda mit Pilsener Autonummer vor ihrem Haus parkte. Eva und Max waren überrascht, als sie sahen, wer als erster ausstieg:

Polizeioberst Josef Holub, diesmal ganz in Zivil, eilte flink ums Auto, öffnete die Beifahrertür und bot seiner Begleiterin die Hand, um ihr aus dem Wagen zu helfen. Dann öffnete er mit Schwung die Kofferraumtür und zauberte einen Blumenstrauß hervor, mit dem er auf die inzwischen vor die Haustür getretene Gastgeberin zueilte, um sie mit Handkuss zu begrüßen und ihr den Strauß zu verehren.

Eva genoss diese Situationen mit Pepi.

Max hätte einen Verweis von seiner Frau bekommen, wenn er sich so aufgeführt hätte, aber bei Pepi war das anders. Es gehörte einfach zu ihm. Alte Schule!

Pepi! Kruminale! Pepi Holub war also die Person, von der die Irmi begleitet wurde. Das hätte Max sich eigentlich denken können.

Pepi Holub war ein alter Freund von Max Esterl, ein uralter sogar. Holub war bei der westböhmischen Polizei und hatte es bis an die Spitze gebracht: Oberst Josef Holub! Seit er und Max Esterl zusammen einige Kriminalfälle gelöst hatten, waren sie dicke Spezln. Eine ebenso innige Freundschaft verband die beiden mit der Irmi, der bayerischen Besitzerin eines böhmischen Bordells in Železná Ruda. Bei Pepi Holub allerdings, so wusste Max Esterl, war es schon etwas mehr als Freundschaft: Irmi war Pepis große Liebe.

Dass die Irmi in Begleitung von Pepi Holub gekommen war, erleichterte die Situation für Eva Esterl, die Mitgastgeberin.

Den Pepi kannte und schätzte sie ebenso wie die Irmi.

Eva zeigte den beiden ihr kleines Appartement, das die Esterln für Besucher bereithielten.

„Ihr wollt euch wahrscheinlich umziehen und gleich zur Messe gehen."

Irmi schüttelte ihren Kopf.

„Morgen gehen wir. Ein Tag reicht. Ich kann´s sowieso nicht mehr sehen, das ganze Glump, aber ich muss mich halt beruflich informieren und auf dem Laufenden halten."

Irmi legte ihre Hand auf den Arm ihres Partners:

„Den Pepi interessiert das schon, er kann eigentlich nicht genug kriegen davon, aber er wird halt auch älter. Gell, Pepi!"

Irmi zwinkerte den Esterls zu.

„Nach einem Tag dort ist er so k.o., dass er nach nichts mehr verlangt. Höchstens nach einer Massage!"

„Immerhin.", bemerkte Max.

Irmi lachte und lehnte sich dabei an Max.

„Eine Fußmassage, Max, nicht was du meinst."

Die Bordellbesitzerin beugte sich zu ihrem Polizeioberst hinüber und tätschelte seine Wange.

Der protestierte: „No, anderä Massage gäht schon auch noch."

„Aber heut gehen wir nicht mehr hin. Ein Tag genügt." Irmi und Pepi nickten beide gleichzeitig.

Eva blickte ihren Mann an und der sah die Panik in ihr aufsteigen und er wusste augenblicklich, was Eva jetzt gerade durch den Kopf schoss:

„Die wollen daheim bei uns bleiben und ich hab´ nichts vorbereitet:

Kein Begrüßungsgetränk, keinen Aperitif, kein Abendessen mit Suppe und Nachspeise! Keinen Wein kaltgestellt!“

Irmi hatte es oft erlebt, wie viel Wert in ihrem Nachbarland auf perfekte Gastfreundschaft gelegt wurde. Immer, wenn sie auf Besuch zu tschechischen Freunden kamen, war der Tisch gedeckt gewesen, immer waren sie verwöhnt worden.

Und sie, Eva, hatte nicht einmal an einen Begrüßungstrunk gedacht. Geschweige denn an ein Essen. Eva stand da wie belämmert.

Als ob die Irmi Gedanken lesen konnte, löste sie die für Eva äußerst peinliche Situation:

„Hoffentlich habt ihr nicht zu viel hergerichtet. Wir zwei…“, Irmi schaute Pepi dabei an, „…wir zwei haben uns gedacht, wir laden euch heute zum Abendessen ein. Ihr habt uns mit eurem Appartement aus der Patsche geholfen, da sind wir euch was schuldig. Und wir zwei, wir haben was zu feiern, und das wollen wir mit euch tun.

Wo kann man in Frauenau schön essen gehen?“

***

Pepi wischte sich mit der Serviette zwei Suppennudeln von den Lippen und bestellte noch ein Bier. Die vier Freunde waren in einem Hotel-Restaurant direkt in der Nachbarschaft gelandet. Das Hotel war zwar für die Nacht ausgebucht, aber die meisten Gäste waren jetzt gerade bei der Eröffnung der „Rachelnippel“ und so war für die vier Essensgäste noch locker Platz gewesen.

Die Suppe hatte schon einmal gut geschmeckt!

Die Suppe war für die meisten Tschechen die Grundlage jeder Mahlzeit. Max war bei seinen Besuchen im

Nachbarland schon so vielen hervorragenden Suppen-Variationen begegnet, dass er gar nicht sagen konnte, welche ihm die Liebste war.

Die Rindssuppe auf alle Fälle, die ihnen die Wirtin persönlich aufgetischt hatte, brauchte sich nicht vor den Suppen des Nachbarlandes verstecken. Kruminale!

Das Bier für Pepi wurde von der Wirtstochter gebracht.

Pepi nahm einen tiefen Zug und räusperte sich ein paarmal.

Dann setzte er sein Glas nochmals an, räusperte sich abermals, wischte sich mit der Serviette erneut seinen Mund ab, …bis Irmi diesen Verlegenheitshandlungen ein Ende machte.

„Erzähl halt einfach", forderte sie ihren Freund auf, „das ist doch nichts Schlimmes oder Ehrenrühriges. Erzähl`s einfach, Pepi!"

Die Esterln schauten erstaunt zu Pepi hinüber, der sich die Lippen ein drittes Mal wischte und dann begann.

„Bin´s nicht mähr Obrst Josäf Holub. Bin´s nur noch einfach Pensionist."

„Aber du bist doch noch nicht…, du hast doch noch einige Monate…".

„Lass ihn erzählen!", schaltete sich Irmi ein, „das ist eine längere Geschichte".

Und Pepi erzählte, bis der Schweinsbraten kam und er erzählte auch noch, als die Damen schon beim Espresso und die Herren bei ihrer vierten Halbe waren.

Wie er mit einer eigensinnigen Entscheidung bei seinem obersten Vorgesetzten in Prag in Ungnade gefallen war, wie sich dann herausgestellt hatte, dass Pepis Entscheidung genau die richtige gewesen war und wie der Minister ihn gelobt hatte und wie der Vorgesetzte ihn daraufhin eifersüchtig gegängelt und geradezu verfolgt hatte und nur nach einem Grund suchte, um ihn, den Unbequemen, loszuwerden.

Und wie er, Pepi, dem Vorgesetzten selber die Munition geliefert hatte, um Pepi endgültig abzuschießen.

Hier schaltete sich Irmi ein. Ihre Stimme zitterte vor Zorn:

„Wegen mir haben sie ihm ein Ultimatum gestellt! Wegen seiner Liebe zu mir! Weil ich mit meinem Beruf nicht tragbar bin für einen Polizeioffizier seines Ranges. Weil ich ihn kompromittieren könnte und ich angeblich Verbindung habe zu Verbrecherkreisen."

Die Empörung war ihrer Stimme mehr als deutlich anzuhören.

„Sag selber, Max: Wie oft habe ich diese Verbindungen genutzt, um euch, der Polizei, zu helfen? Wie oft habe ich mir von diesen Kreisen den Vorwurf anhören müssen, ich würde der Polizei zuarbeiten, würde Informationen weitergeben? Und dann behaupten sie sowas! Nur um den Pepi loszuwerden! Und auch der Minister hat dem Pepi nicht geholfen. Obwohl er ihm vorher so schön getan hat."

„Dieses Ultimatum", fragte Max dazwischen, „wie ist es ausgegangen?"

Irmi schossen die Tränen in die Augen.

Sie beugte sich über den Tisch, ergriff Pepis Hände und schaute ihm tief und innig in die Augen.

„Er ist zu mir gestanden! Zum ersten Mal, seit ich…seit ich diesen Beruf ergriffen habe, ist ein Mann zu mir gestanden."

Irmi schluchzte.

„Das werd´ ich dir nie vergessen, Pepi. Nie!!"

Dann erklärte sie mit einem kräftigen, eine halbe Minute dauernden Schneuzer diese Szene als beendet.

Daraufhin brauchten Pepi und Max einen Schnaps.

Als Irmi sich wieder etwas beruhigt hatte, berichtete Pepi noch, dass er wenigstens seine Pensionsbezüge nicht verloren hatte und dass dies doch ein Grund zum Feiern sei. Und dass er jetzt bis zu seiner endgültigen Pensionierung vom Dienst suspendiert und quasi auf Arbeitssuche war.

„Seit Pensionierung is mir fad, Maxe. So fad! Wie hast du das gämacht, dass du immr hast schäne Vrbrächen aufgeklärt? Hast nix fir mich? Du und ich: Bayrisch Cop und behmisch Cop!"

Wenn Pepi geahnt hätte, wie bald sein Wunsch Wirklichkeit werden würde, hätte er wohl keinen zweiten Schnaps gebraucht.

Oder vielleicht grad extra deswegen!?

13. Kap.: „Rachelnippel“

Beim Frühstück am nächsten, dem Samstagmorgen, machte die Irmi den Esterln ein Angebot:

„Geht´s doch mit zur Messe, das ist bestimmt interessant, was da so alles geboten wird. Auf ein Stünderl vielleicht. Ich als Profi muss mich natürlich näher informieren und auch das Eine oder Andere einkaufen, wir bleiben länger.

Aber ihr zwei“, Irmi kicherte ein wenig boshaft, „wir laden euch ein! Ihr könntet doch bestimmt…“.

Weiter kam Irmi nicht.

„Ja, genau! Ich als Lehrerin am Gymnasium Zwiesel werde dorthin gehen. In eine Veranstaltung, bei der es nur um Kohle geht! Kohle, die mit Sex gemacht wird, mit Unehrlichkeit, die mit Liebe und echten Gefühlen überhaupt nichts zu tun hat, nur mit Geschäft! Ich als Frau geh da nicht hin. Tut mir leid!“

Eva hatte sich so in Rage geredet, dass sie gar nicht gemerkt hatte, wie das einladende Lächeln in Irmis Gesicht erstarb.

„Und du, Max?“

Irmis Stimme klang irgendwie spöttisch und gleichzeitig herausfordernd.

„Bist bestimmt auch so bürgerlich geworden, wie alle hier im anständigen Frauenau. In der Zeitung hab´ ich gelesen, dass brave Katholiken demonstrieren wollen. Gehst auch mit den Braven mit, oder traust du dich zu den Rachelnippeln? Schämst du dich etwa mit uns?“

Max Esterl sagte zunächst kein Wort, erinnerte sich dann aber an den Auftrag des Bürgermeisters, bei der Messe zu schauen, ob alles in Ordnung sei. Er nahm seinen Anorak von der Garderobe, schlüpfte in seine Winterschuhe und holte seinen Geldbeutel aus einer Schublade.

Mit den Worten „zum Mittagessen bin ich wieder daheim“ verabschiedete sich der Ex-Kommissar von seiner kopfschüttelnden Ehefrau.

„Was gibt´s denn heut zu Mittag?“

„Dicke Sexnudeln“, wollte Eva schon erwidern, antwortete dann aber wahrheitsgemäß „Fleischpflanzerl“.

Es war halb Elf, als die Drei den Gistl-Komplex erreichten, und es war ganz schön was los dort.

Auf der gegenüberliegenden Straßenseite protestierten einige Leute mit Plakaten gegen „Ausbeutung der Frau“, „Sex als Ware“ und „Sündenpfuhl unterm Rachel“.

Das focht diejenigen nicht an, die hinein in die Messe wollten: An der Eingangstür hatte sich eine kleine Schlange gebildet. Fast ausschließlich Männer. Viele von ihnen sahen durchschnittlich bürgerlich aus, einige davon aber waren Typen, die dem Max eigentlich nicht unbedingt sympathisch vorkamen.

Nun war es dem Max doch etwas unwohl. Bis jetzt hatte er noch keine bekannten Gesichter gesehen, aber, da war er sich sicher, bald würde der erste Auerer ihn hämisch grinsend mit einem „du aa do?“ begrüßen.

Jetzt aber keine Schwächen zeigen, da musste er durch!

Als ob sie fühlte, was Max mitmachte, legte Irmi ihm ihre Hand auf die Schulter.

„Schön, Max, dass du mitgehst. Ein Durchgang, dann hast du alles gesehen und kannst heim zu deinen Fleischpflanzerln. Wir zwei“, Irmi deutete auf sich und Pepi, „wir zwei schauen uns das Ganze erst einmal an, schlendern gemächlich durch, dann schnappen wir uns eine Currywurst, wenn´s oane gibt, da drinn. Auf de is doch der Pepi so scharf, gell, Pepi!“

Der Angesprochene nickte.

„>Apachenzipfel< hamma mir in unserer Jugend in Straubing zur Currywurst immer gesagt. Ihr in Zwiesel auch?

Heut darfst des Wort nicht mehr in den Mund nehmen. Politisch unkorrekt. Apachenzipfel! Aber der Pepi mag´s, de Currywurst. Und i aa, hin und da.

Und am Nachmittag dann kaufen wir ein. Das eine oder andere Hilfsmittel. Manche unserer Gäste sind ganz scharf auf so Zeug!"

Inzwischen waren die drei Freunde an der Kasse angelangt. Irmi zückte ihre Geldtasche. „Du bist eingeladen, Max."

Da fielen Max die Freikarten ein, die ihm am Frauenauer Stausee vor Kurzem in seine Anoraktasche gesteckt worden waren.

Er kramte eine Weile.

„Irmi, im Gegenteil: Ich lade euch ein. Ich hab´ Freikarten."

Max zählte durch: „Fünf Stück! Da könnt ihr zwei morgen nochmals gehen."

Irmi und Pepi lachten:

„Da schau her! Erst will er nicht mitgehen und dann stellt sich heraus, dass er sogar Freikarten hat! Wo hast´n die her?"

„Eine längere Geschichte."

Als sie an der Garderobe anstanden, erzählte Max von dem Erlebnis, das Eva und er am Stausee gehabt hatten. Seine Slapstickeinlage schönte er natürlich:

„Da bin ich mit den Langlaufskiern quer durch die Filmaufnahmen gefahren, dass es nur so gerauscht hat. Mitten im Naturschutzgebiet Sexfilmchen drehen! Die Eva hat danach gedroht, sie anzuzeigen, wenn sie nicht abhauen. Da haben sie mir die Freikarten in die Tasche geschoben. Und Schluss gemacht mit den Aufnahmen."

Die schon etwas ältere Garderobenfrau, die offensichtlich im Gistl fest angestellt war und nicht zum Sexmessenpersonal zählte, wünschte den drei Besuchern viel Vergnügen, besonders dem Herrn Esterl, worauf Irmi ein weiteres boshaftes Kichern nicht unterdrücken konnte.

Dann ging´s über eine kurze Treppe hinauf zum Saal, vor dessen bunt mit dem Rachelnippel-Symbol und mit einem Schild „Nicht unter 18“ dekorierter Tür ein als Bunny verkleidetes Pin-up-Girl kostenlos neonfarbene Präservative aus einem Bauchladen an die Neuankömmlinge verteilte.

Max verzichtete, Irmi nahm dafür drei, auch den für Pepi.

„Arbeitsmittel“, kommentierte sie lakonisch. „Kann ich immer brauchen.“

Danach betraten die Drei das Sexparadies. Sofort überfiel sie ein Musikschwall.

„Leyla, Leyla“, hörte Max Esterl, „die wunderschöne Leyla.“

Da hätte er am liebsten schon wieder den Rückwärtsgang eingelegt. Aber es half nichts. Irmi bemerkte, wie sich Max reflexartig die Ohren zuhielt. Sie lachte:

„Hast du erwartet, dass sie hier Beethovens Siebte spielen, Max?“

Der Angesprochene verdrehte die Augen. „Leyla, die ist schöner, jünger, geiler“, dröhnte es wummernd in den Raum. Ein schreckliches Lied!

So, wie die musikalischen Reize den Max überforderten, erschlugen ihn auch die erotischen Reize.

Die Brüste der Frauen, die sich hier darboten, waren so silikongestopft, die Dildos, die massenweise ausgestellt waren, waren so überdimensioniert, die „Fantastischen Spielzeuge“, die hier zu sehen waren, kamen Max so fantasietötend vor, dass er schon nach einer Viertelstunde das Gefühl hatte, hier völlig am falschen Platz zu sein und nur seine Zeit zu verplempern.

Nicht einmal das Glaserl Sekt, das die Irmi an der Bar besorgt hatte, konnte den Max in Stimmung bringen. Die Bardame hatte sich an der Theke einige Minuten mit Irmi unterhalten.

„Sie ist die jüngere Schwester der tschechischen Chefin hier", erklärte Irmi ihren beiden Freunden. Max erinnerte sich an die befehlsgewohnte Frau an der Theke, die ihm schon bei der Einweihung als tüchtig aufgefallen war.

„Die kenne ich von Železná Ruda her", erklärte Irmi. „Eine Ex-Kollegin. Sie hat mir erzählt, dass ihre ältere Schwester das Lokal hier betreibt, und sie zur Sexmesse aushilft. Stoßzeit." Irmi kicherte. „Sehr tüchtig, aber..." Irmi machte eine Bewegung des Geldeinsteckens, „...trauen würde ich der nicht!"

Als sie, mit ihren Gläsern in der Hand, um die Ecke in eine andere Abteilung bogen, hörte Max Esterl moderatere, vertrautere Töne.

„Jingle Bells", das altbekannte amerikanische Weihnachtslied tönte durch den Raum, ein Lied, das jetzt in der Adventszeit von allen Rundfunksendern hunderttausendfach durch den Äther gejagt wurde, und das den Max sonst eher aufregte als beruhigte.

Jetzt aber war er direkt froh, nach all dem Sex-Gedudle wieder etwas Alltägliches zu hören. Neugierig gingen Irmi, Pepi und Max auf die Box zu, aus der dieses Weihnachtslied ertönte.

„Jingle bells" hieß das Filmchen, das dort gezeigt wurde, und dem Max kam es ziemlich bekannt vor: Schnee, ein rotes, hübsch dekoriertes Zelt, im Hintergrund Wald und Berge und Wasser, ein See..., der Frauenauer Trinkwasserspeicher!

Und im Vordergrund junge, hübsche Frauen, nur mit Lederstiefeln und mit Tangahöschen bekleidet. Und die Girls tanzten und ließen ihre Bells im Takt jingeln, in Großaufnahme, und warfen brav ihre Beine in die Luft, um so gegen die Kälte zu kämpfen.

Irmi hatte sofort kapiert.

„Sind das die Aufnahmen, bei denen du und Eva dazugestoßen seid?"

Max nickte.

„Die müssen aber fast schon fertig gewesen sein mit ihrer Arbeit, als ihr sie gestoppt habt."

„Anscheinend", sagte Max, und danach sagte er nichts mehr, weil er so gebannt auf die nächste Filmsequenz starrte:

Die Mädchen tanzten, leicht bekleidet, mit Sektgläsern sich zuprostend, ihren Jingle und ließen ihre Bells im Takt swingen, als plötzlich ein Langläufer mit blauem Anorak und grauer Zipfelmütze ins Bild fuhr, ungeschickt zu bremsen versuchte, sein Gleichgewicht verlor, wild ruderte, sich wieder fing, einmal nach vorn kippte und dann wieder in eine fast die Gesetze der Schwerkraft widerlegende Rücklage geriet, eines der Mädchen gerammt hätte, wenn sie sich nicht geistesgegenwärtig durch einen Sprung gerettet hätte und schließlich an einem Riesenplastikrentier landete, das als Dekoration diente. Bevor der Langläufer sich umdrehte, kam ein Bildschnitt. Jetzt hatte der Regisseur den Werbeblock eingebaut:

„Jingle bells, die blaue Pille, die bei deiner Partnerin die Glocken zum Läuten bringt!", tönte eine männliche Stimme.

Max war fast das Herz in die Hose gerutscht, als er sich da ins Bild fahren sah und er war erleichtert, als er merkte, dass sein Gesicht nicht zu sehen war. Da hatte er noch einmal Glück gehabt. Natürlich hätte er den Filmemacher wegen irgendeiner Verletzung der Persönlichkeitsrechte verklagen können. Aber das würde nicht viel bringen: Das Malheur wäre schon passiert gewesen.

So war es auf alle Fälle besser. Niemand würde ihn erkennen können. Kruminale!

„Max, ich muss dich bewundern! Du hast vorhin gesagt, du bist nur durchgerauscht. Von wegen durchgerauscht! Wie hast du diese tolle Einlage mit den Langlaufskiern geschafft? Das ist ja direkt akrobatisch!"

Mit nicht mehr als drei Sätzen hatte die Irmi dem Max Esterl alle seine Illusionen genommen. Den blauen Anorak würde er nur noch anziehen, wenn er weit weg im Skiurlaub in Österreich oder Südtirol war, schwor sich Max.

„Hast du deswegen die Freikarten bekommen?" Irmi war entschieden die beste Ermittlerin von ihnen dreien. In zwei Minuten hatte sie den Fall gelöst.

„Ach Max, ich bewundere dich. Jetzt, im Alter traust du dich noch, in einem Sexfilm mitzumachen. Standfähigkeit ist doch das Wichtigste bei Sexdarstellern. Respekt, Max, die hast du ja bewiesen!"

Irmi ahmte die Verrenkungen nach, mit denen Max auf den Langlaufskiern sein Gleichgewicht gehalten hatte.

Max sah den Spott in Irmis Augen und er genierte sich ein wenig für seine eigene biedere Bürgerlichkeit.

Sollten doch die Leute denken, was sie wollten, er war Niemandem Rechenschaft schuldig!

Außer Eva.

„Irmi, Pepi: Ich geh jetzt. Hab´ genug gesehen."

„Bist etwa beleidigt wegen vorhin, Max?"

„Naa, Irmi, wegen so was bin I doch net beleidigt. Meine Augen sind beleidigt von dem, was sie hier sehen und meine

Ohren vom Hören. Das ist hier alles so, so vulgär und primitiv! Kruminale, das würde mich eher abschrecken als anmachen. Ich bin nicht prüde, aber ein bisschen sensibel bin ich schon. Nix für mich! Ich geh heut Nachmittag lieber spazieren und warte auf euch zwei, wenn ihr erschöpft heimkommt."

Mit diesen Worten verabschiedete sich Max Esterl von seinen Freunden und verließ den Freudentempel. Dem Bürgermeister würde er berichten, dass Geschmacklosigkeit keine Ordnungswidrigkeit war.

Beim Rausgehen begegnete ihm der Betreiber des Gistl-Komplexes.

Wieder überlegte der Ex-Kommissar, wo er dem schon mal begegnet war. Die auffälligen Tätowierungen, die aber hier auf der Sexmesse fast jeder und jede zur Schau trug, und der kahle Rundschädel!

Der Mondglatzkopf schien ihn zu kennen, denn er grüßte Max mit einem „Servus".

***

Irmi und Pepi verabschiedeten sich gleich nach ihrem Messebesuch in ihre Böhmerwaldheimat.

Personalmangel!

Irmi hatte einen Anruf bekommen, dass das Mädchen vom Notdienst mit Blinddarmentzündung ins Klattauer Krankenhaus eigeliefert worden sei.

Nachdem der schwarze Skoda der beiden Gäste außer Sichtweite war, pfefferte Eva Esterl in der Küche den Gschirrhadern in die Ecke.

„Da, schau her!", rief sie dem Max zu, der, irritiert von Evas Zornausbruch, mit offenem Mund dastand.

Eva holte Teller und Platten und Schüsseln aus dem Kühlschrank und aus der Speis, die voll waren mit Salaten, Lachsschnitten mit Zwiebelringerln, Fleischpflanzlsemmerln mit Mayo-Tüpferln und diversen anderen Kanapees:

„Das hab` ich alles hergerichtet für heute Abend! Um mich nicht nochmal so zu blamieren wie gestern. Und dann fahren sie heim! Notdienst! Ich könnte heulen, Max!“

„Gfreas ei!“, war die Antwort ihres Gatten.

„Wos ma net eigfrean kann, des iss I heit aaf d´Nacht und morgn zum Frühstück.“

14. Kap.: Zwei dunkle Gestalten

Die Sexmesse war ein Erfolg für die Betreiber gewesen. Die angekündigten Proteste hatten sich in Grenzen gehalten und waren von den Besuchern eher amüsiert als folkloristische Begleiterscheinung abgetan worden.

Die Aussteller hatten gute Geschäfte gemacht, sie waren zufrieden abgereist. Einige hatten schon gefragt, ob nächstes Jahr wieder eine Messe stattfinden würde.

Die Umsätze in der Gastronomie waren ebenfalls gut gewesen, der Wirt rieb sich die Hände, weil kurz vor Schluss sogar der Sekt ausgegangen war. Außer einem kleinen Zwischenfall mit einem stark angetrunkenen Gast, der in einem der Separees zu grob geworden war, hatte es keine Probleme gegeben. Das war wichtig, damit die Frauenauer und ihr Bürgermeister kapierten, dass er, der Georg Gigl, ein seriöser Geschäftsmann war.

Dass der eine Ex-Bulle am zweiten Messetag aufgetaucht war, mit dem er vor Jahren schon einmal Probleme hatte, das konnte ein Zufall sein. Er hatte seine Vergangenheit abgehakt, einen Strich darunter gemacht. Das hier war seine Chance und die würde er nutzen.

***

Das Glasmacherdorf Frauenau lag im Sonntagnachtschlaf. Kaum hatten die Stubenbacher auf der böhmischen Seite den Mond mit Stangen über den Kiesruck heraufgeschoben, da versteckte ihn schon eine Wolke, die, vom Falkenstein her kommend, in den Böhmerwald hinüberzog. Der Himmel war so schwarz wie die dunklen Fichtenwälder am Rachelhang, lediglich ein paar Straßenlaternen warfen ihr spärliches Licht auf den Asphalt der Hauptstraße, an der auch das Frauenauer Rathaus stand.

Die beiden Bäcker am Rathausplatz würden erst in zwei Stunden mit ihrem Handwerk beginnen. Nur der Geldautomat der Sparkasse zwischen den Bäckereien leuchtete sein Versprechen hinaus in die Finsternis: Hier gibt´s Geld rund um die Uhr.

Die zwei dunklen Gestalten, die um diese Stunde mit ihrem unscheinbaren, weißen Lieferwagen unterwegs waren, hatten kein Interesse am Geldautomaten. Zielsicher umrundeten sie das Amtsgebäude, parkten im Schatten des Hauses und verließen ihr Fahrzeug. Der Größere von ihnen deutete auf einen Schaltkasten, der sich, ein wenig abseits, neben dem Parkplatz des Rathauses befand.

Der Kleinere beugte sich zum Kasten hinunter, während der Größere Wache stand und die Umgebung beobachtete. Nichts Verdächtiges war zu sehen. Nur die Geräusche eines Autos waren zu hören, das auf der Staatsstraße Zwiesel – Grafenau vorne am Rathaus vorbeifuhr. Die beiden Einbrecher ließen sich dadurch nicht im Geringsten stören. Hinter dem Rathaus waren sie unbeobachtet.

Erst gab es ein fast nicht hörbares metallisches Klicken, das Kastentürl hatte keinen Widerstand geleistet, dann war ein Flüstern zu vernehmen. Der Größere sah sich nochmals nach allen Seiten um, danach wurden zwei oder drei Drähte im Schaltkasten durchschnitten, alles spielte sich innerhalb von kaum einer Minute ab. Der Kleinere zeigte dem Größeren mit dem erhobenen Daumen an, dass die Operation erfolgreich war, und die zwei gingen ohne weitere Umstände schnurstracks auf die Hintertür des Rathauses zu.

Kein Bewegungsmelder mehr, der die Rathaustür beleuchtet hätte.

Der Größere zog unter seinem schwarzen Anorak ein Brecheisen hervor und hebelte die Tür mit einem kurzen Knacks auf.

Keine Alarmanlage mehr, die den Einbruch gemeldet hätte.

Der Größere klopfte dem Kleinen auf die Schultern, ehe er ihn ins dunkle Rathaus zog und die Tür hinter ihnen zumachte.

Wenn eine Person wach gewesen wäre und die Szene beobachtet hätte, dann hätte sie durch die verglaste Rathaustür gesehen, dass der Schein einer Taschenlampe sich in Richtung Rathauskeller bewegte.

Aber: Das Glasmacherdorf Frauenau lag im Schlaf.

15. Kap.: Alarm!

Max Esterl lag auch noch im Schlaf, als um sechs Uhr zwölf das Telefon läutete. Zeit seines Berufslebens war der Ex-Kommissar gewohnt gewesen, zu jeder Tages- und Nachtzeit zu reagieren und sofort einsatzbereit zu sein.

Jetzt aber war er doch schon einige Jahre außer Dienst.

„Kruminale!", fluchte er vor sich hin, während er aus dem Bett stieg und sich barfuß aus dem finsteren Schlafzimmer tastete.

Wer rief denn um diese Zeit an? Max vermutete, dass das Zwieseler Gymnasium, die Arbeitsstelle seiner Frau Eva, eine Vertretung für die erste Schulstunde brauchte, und war überrascht, als er die irgendwie verstört klingende Stimme des Frauenauer Bürgermeisters vernahm.

„Max!", hörte der Ex-Polizist, der erst einmal einen guten Morgen wünschen wollte, dem aber das Wort gleich abgeschnitten wurde.

„Max, du musst sofort kommen, es ist etwas passiert, eine Katastrophe ist passiert bei uns im Rathaus!"

„Ha???"

„Eingebrochen haben sie heut Nacht bei uns…"

„Und was soll ich da? Kruminale! Habt ihr noch nicht die Polizei alarmiert?"

Max wurde ein wenig unwirsch. Wenn er jetzt zu allen Delikten gerufen wurde, die in Frauenau passierten? HabedieEhre, dem musste er gleich einen Riegel vorschieben.

„Ich bin seit Jahren nicht mehr im Dienst, und das geht mich auch nichts mehr an Franz, zum Glück geht mich das nichts mehr an, und ich werde auch der Zwieseler Polizei nicht dreinpfuschen in ihr Geschäft. Und ich…"

…leg mich jetzt wieder hin, wollte Max Esterl noch sagen, als er durch den Telefonhörer den Klang der Polizeisirene vernahm und erneut die Stimme des Bürgermeisters hörte, der noch einmal die größtmögliche Dringlichkeit in seine Stimme legte:

„Max, das Lötz-Glas ist weg! Gestohlen! Alle drei Kisten! Du m u s s t kommen! Unbedingt! Du warst doch von Anfang an dabei. Lass mich jetzt bitte nicht hängen."

Max Esterl sah immer noch nicht recht ein, warum er der Zwieseler Grenzpolizei mit ihrer Leiterin Anke Brandt, zu der er ein fast kollegiales Verhältnis hatte, und die er sehr schätzte, Hilfe leisten sollte.

So wollte es der Bürgermeister.

Aber Max Esterl, der ein feines Gespür für solche Anmaßungen hatte, sah eher die andere Seite:

Was würden die Zwieseler Kollegen denken, wenn er zusätzlich herumschnüffelte? War das ein Misstrauensbeweis? War das Gschaftlhuberei?

Max Esterl wollte weder die Anke Brandt überraschen, noch den Bürgermeister enttäuschen.

„Jetzt lass die Polizei erst mal ihre Arbeit tun", beruhigte Max den Amtsvorstand, „in einer Stunde fahre ich sowieso zum Bäcker, Frühstückssemmeln holen, und da schau ich kurz vorbei. Aber einmischen tu ich mich nicht."

Als Max Esterl später mit seinem Fahrrad die Dorfstraße hinunter zum „Zöpfl-Karl" fuhr, der seinen Namen der Qualität seines Salzgebäcks verdankte, sah er schon von weitem das blaue Dauerblinken der drei Polizeiautos, die das Rathaus umstellt hatten und die Traube von Schaulustigen, die vor der Rathaustür standen und gafften.

Erst einmal wollte der Ex-Kommissar seine Geschäfte erledigen und steuerte auf die sich direkt neben dem Rathaus befindende Bäckerei zu.

„Zwei Zöpfl, eine Brezn, einen Breznspitz und ein Mohnhörnderl!“, orderte Max.

„D'Zöpfe hand aus heit“, bekam er vom Bäcker zur Antwort, der als bekennender Fan von 1860 München wie immer ein weiß-blaues 60er T-Shirt trug.

Auf Esterls fragenden Blick hin fügte er hinzu: „D'Polizisten hammand scha für d'Brotzeit eikafft. Da Leberkas is aa scha aus. Miassnd hoit aa leben, d'Polizistn.“

Max Esterl gönnte den Kolleginnen und Kollegen ihre Leberkäszöpfln, orderte statt der Zöpfl zwei zusätzliche Brezen, zahlte und verließ den Bäckerladen, froh, dass der Zöpfl-Karl ihn nicht in ein Gespräch über das Schauspiel verwickelte, das gerade auf dem Rathausplatz ablief.

Zwei Polizisten waren dabei, ein weiß-rotes Plastiksperrband rund um das Rathaus zu ziehen und die Gaffer fernzuhalten. Als er sein Fahrrad ein Stück weiterschob, sah Max auch, dass Leute von der Spurensicherung den Platz hinter dem Rathaus systematisch untersuchten.

„Max, Max“, hörte der Ex-Kommissar die Stimme des Bürgermeisters, die aus dem Nichts zu kommen schien. Seit Max Esterl im Dienst ein Schusstrauma erlitten hatte, konnte er nicht mehr räumlich hören. Max blickte sich um.

Erneut hörte er die Stimme des Gemeindeoberhauptes.

„Max, Max, da heroben bin i!“

Erst jetzt bemerkte Max, dass im ersten Stock des Rathauses ein Fenster offenstand, in dem der Bürgermeister stand und Max zuwinkte.

„Ich komm gleich runter. Geh zum Haupteingang.“

Max war es ein wenig peinlich, auch zu den Schaulustigen gezählt zu werden und so drückte er sich an der Menge vorbei, umrundete das Rathaus wieder, bis er vor dem Haupteingang auf der Vorderseite stand und lehnte sein Fahrrad an das Eisengeländer, das den Rathausplatz zur Hauptstraße hin abschloss. Das Einkaufsnetz mit den Frühstückssemmerln ließ er am Fahrradlenker hängen. Wer sollte hier was klauen, wenn alles von der Polizei umstellt war?

Franz Bredl öffnete die Rathaustür, winkte Max zu sich herein und eilte ihm voran, eine Treppe hinauf zu seinem Büro. Er schloss die Tür hinter seinem Gast und schnaufte erst einmal tief durch.

Dann bot er seinem Gegenüber einen Platz an, setzte sich in seinen Bürgermeistersessel und seufzte tief:

„Max, du musst helfen!"

Max, der in den letzten Jahren immer wieder ohne sein Zutun in Kriminalfälle verwickelt worden war, seufzte ebenso tief:

„Iatz geht´s in der Au aa scho o."

„Was geht bei uns an, Max?"

„Seit einigen Jahren, Franz, seit ich wieder zurück im Bayerwald bin, zieht sich eine Spur des Verbrechens durch den Zwieseler Winkel. Es ist mir, als ob ich die Gangster geradezu anziehen würde. Mir langt´s, Franz. I brauch des nimmer. I bin pensioniert. Scho lang."

Der Bürgermeister schien zu überlegen.

„Du musst ja nicht auf Einbrecherfang gehen, Max, das ist klar. Das überlassen wir der Polizei. Was ich jetzt aber dringend bräuchte, das wäre Beratung und Beistand. Supervision sozusagen, verstehst, Max?"

Max hatte schon von Supervision gehört. Auch zu seiner Dienstzeit hatte es das schon gegeben und eine Zeitlang war

Supervision sogar ein Lieblingsthema eines seiner Vorgesetzten gewesen.

Er hatte nie besonders viel von dieser Art von Hilfestellung gehalten.

Während Max noch überlegte, wie er eine unverbindliche Absage erteilen konnte, klopfte es an die Tür des Büros. Noch ehe der Bürgermeister „Herein“ sagen konnte, öffnete sich die Bürotür einen Spalt, in dem der Kopf einer Polizistin erschien.

„Darf ich?“, fragte die noch junge Gesetzeshüterin.

Der Bürgermeister machte eine einladende Bewegung, die Polizistin betrat den Raum, sah den Ex-Kommissar und schüttelte ihren Kopf, dass die braunen Locken nur so flogen.

„Max Esderl! Ich hädd mer´s dengen könn´.“

Immer, wenn Anke Brandt, die Leiterin der Grenzpolizeistation Zwiesel aufgeregt oder überrascht war, fiel sie in den Dialekt ihrer unterfränkischen Heimat.

Max machte eine entschuldigende Geste, bevor ihm die Grenzpolizistin ein Bussl auf die Wange drückte. Seit Max der Anke bei der Lösung einiger Fälle geholfen hatte, waren die beiden Freunde.

„Soll ich rausgehen?“

Auf diese Frage erntete Max Esterl ein zweifaches Kopfschütteln.

„Wenn´s Ihnen nichts ausmacht, Frau Brandt, der Max ist, wird…“, der Bürgermeister druckste herum. Er fand keinen Begriff für die Rolle, die der Kommissar a.D. hier spielen sollte.

„Ich habe den Herrn Esterl gebeten, mich und die Gemeinde in diesem Fall zu beraten.“

„Also, Herr Bürgermeister", begann die Polizeichefin, und fügte, an Max gewandt, ein wenig süffisant hinzu „Herr Berater!

Was wir bisher wissen:

Der oder die Täter sind Profis.

Sie müssen das Umfeld kennen oder gut ausgekundschaftet haben.

Hier gleich meine erste Frage: Ist Ihnen oder den Beschäftigten im Rathaus irgendjemand aufgefallen in den letzten Tagen? Jemand, der sich umgeschaut hat, der die Lage gepeilt hat?

Die zweite Frage:

Wer hat von dem Ort gewusst, an dem die Kisten gelagert wurden?"

Der Bürgermeister machte sich Notizen zu den Fragen. Max sah ihm an, dass ihm die ganze Geschichte an die Nerven ging.

Erst die ewig sich hinziehenden Festvorbereitungen und die finanziellen Sorgen um die Gistl-Renovierung.

Dann der plötzliche und unverhoffte Lichtblick mit der Entdeckung des Gistlschatzes.

Und jetzt war alles zunichte gemacht worden und er musste sich sogar Vorwürfe gefallen lassen.

Die dritte Frage war ihm dann auch sichtlich peinlich und zuwider:

„Der Wert des Kisteninhalts ist ja offenbar erheblich. Welche Sicherungsmaßnahmen haben sie getroffen?"

Der Bürgermeister holte umständlich ein Taschentuch hervor und wischte sich den Schweiß vom Gesicht.

„Ja, Extramaßnahmen haben wir eigentlich nicht getroffen, das war ja in der Kürze der Zeit…, wir wollten die

Kisten ja gar nicht lange dort unten lagern…wer hätte denn gedacht…“

Man merkte, dass das Gemeindeoberhaupt tief getroffen war.

„Natürlich haben wir eine Alarmanlage im Rathaus, aber…“

„…die haben die Verbrecher ohne Probleme ausgeschaltet“, setzte Anke Brandt den Satz fort.

„Waren die Glasobjekte versichert?“

Wieder wischte sich der Bürgermeister mit dem Taschentuch über das Gesicht.

„Eben nicht“, gab er kleinlaut zu. „Das hätten wir in den nächsten Tagen gemacht. Übermorgen habe ich einen Termin…hätte ich einen Termin“, fügte das Gemeindeoberhaupt kopfschüttelnd hinzu. „Hätte ich einen gehabt.“

„Das war aber dann schon sehr naiv von Ihnen: Den Fund groß in der Presse bekannt geben und ihn dann erst versichern lassen.“ Anke schaute in das schuldbewusste Bürgermeistergesicht.

„Aber das ist nicht mein Problem. Jetzt zu meinen Fragen von vorhin: Ist ihnen was aufgefallen?“

Erneut schüttelte der Bürgermeister den Kopf.

„Alles war wie immer. Sie müssen unbedingt unsere Angestellten hier im Haus fragen, Frau Brandt. Vielleicht hat von denen jemand…“

„Da sind wir schon längst dabei, Herr Bredl. Auch im Umfeld fragen wir nach, bei den Nachbarn. Da sind ja zwei Bäcker dabei, die schon sehr früh aufstehen. Vielleicht haben die was gesehen oder gehört. Ja, Herr Bredl, das wär´s jetzt fürs Erste. Wenn Ihnen noch was einfällt, lassen sie´s mich wissen.“

Bevor sich die Polizistin verabschiedete, wandte sie sich an Max Esterl:

„Mit dir möchte ich noch kurz sprechen, Max."

Auch Max Esterl verabschiedete sich vom Bürgermeister und folgte der Polizeichefin. Er machte sich darauf gefasst, dass die Anke ihn kritisieren würde, weil er sich schon wieder einmischte. Dabei hatte der Bürgermeister i h n gerufen und er, der Ex-Kommissar, war überhaupt nicht aktiv gewesen und hatte sich keineswegs aufgedrängt.

Das alles wollte Max der Anke jetzt sagen, aber die stoppte ihn schon beim ersten Wort:

„Hier nicht, Max, in so einem Amtsgebäude haben die Wände Ohren. Gibt es in Frauenau kein Cafe, wo man sich ungestört unterhalten kann? Ich könnt´ ein Dässchen brauchen."

Max überlegte kurz, dann schaute er auf die Uhr:

„Halb neun, da hat das einzige Cafe, das es in Frauenau geschafft hat, Corona zu überleben, das Cafe im Glasmuseum, noch nicht geöffnet. Aber wir gehen ins Hotel Hubertus. Da ist gerade Frühstückszeit, die werden schon ein Haferl Kaffee für uns übrig haben. Es sind nur ein paar Schritte dorthin."

Als Max mit Anke durch die Rathaustür nach draußen trat, fiel sein Blick sofort auf sein Radl mit dem Einkaufsnetz, das er vor einer guten Stunde ans Rathausgeländer gelehnt hatte, und er dachte daran, dass er noch nicht gefrühstückt hatte und er dachte daran, dass er seine Frau Eva wecken hätte sollen und er dachte daran, dass Eva zur dritten Stunde an ihrer Arbeitsstelle am Gymnasium in Zwiesel zu sein hatte und jetzt, schlimmstenfalls, noch schlief oder, bestenfalls, schon wach war und nervös auf ihn und die Frühstückssemmeln wartete. Warum nur hatte er sich am Rathaus blicken lassen? Warum hatte er nicht einen anderen Weg von der Bäckerei nach Hause gewählt und damit den Tatort gemieden?

Es war Max, als ob das Verbrechen ihn ohne sein Zutun anzog, als ob eine höhere Macht im Spiel war, die ihn immer wieder auf ungeklärte Fälle stoßen ließ.

Anke hatte Max zugesehen, wie er vor seinem Fahrrad gestanden und sekundenlang wie desorientiert geschaut hatte. War der Max dabei, schön langsam senil zu werden?

„Was ist, Max? Gehen wir jetzt? Du weißt ja, ich muss wieder zur Arbeit. Das Verbrechen schläft nicht."

„Ach Anke, mein Hirn wird immer rissiger! Ich war doch heut früh nur mit dem Radl zum Semmelnkaufen gefahren, als mich der Bürgermeister zu sich gerufen hat. Jetzt wartet die Eva seit über einer Stunde auf die Frühstückssemmeln und ich Idiot verplempere meine Zeit mit Dingen, die mich nichts angehen. Du musst mich entschuldigen und deinen Kaffee alleine trinken, ich muss heim. Servus, Anke, entschuldige nochmals!"

Kopfschüttelnd sah Anke ihrem Ex-Kollegen nach, der sich aufs Fahrrad geschwungen hatte und es mit schnellen Tritten beschleunigte.

Sie war ein wenig beunruhigt.

Hatte Max gerade selber zugegeben, dass es bei ihm nicht mehr so ganz stimmte im Hirn, oder hatte sie sich da verhört?

„Schade", dachte Anke Brandt bei sich. Seine Scharfsinnigkeit hatte sie an ihrem alten Freund immer besonders bewundert.

16. Kap.: Der Auftrag

Kurz vor Zwölf klingelte das Telefon. Max Esterl legte sein Mittagessen, die restlichen Kanapees, die noch vom Samstag übrig waren, zur Seite und griff zum Hörer.

Anke Brandt war dran.

„Hast jedzd ein paar Minudn Zeid, Max?"

„Klar, Anke!"

Max stellte die Kanapees wieder in den Kühlschrank und setzte sich an den Küchentisch: Dieses Telefonat, das ahnte er, würde länger dauern.

Die Polizei, erfuhr der Ex-Kommissar, tappte eigentlich im Dunkeln. Es gab bisher keine verwertbaren Spuren, die Einbrecher hatten professionell gearbeitet.

„Die Diebe waren gut", musste Anke zugeben.

„Aber wir sind doch auch nicht schlecht", verteidigte Max seinen früheren Berufsstand.

„Sind wir auch nicht", pflichtete Anke ihm bei.

„Wir haben die Überwachungskamera der Sparkasse ausgewertet, die ist natürlich nicht direkt auf das Rathaus hin ausgerichtet, aber im Winkel des Überwachungsbildes sieht man einen weißen Transporter, der den Platz zum Rathaus hin quert und der nach wenigen Minuten wieder zurückkehrt. Ein Uhr dreiundzwanzig bis ein Uhr vierundvierzig. Einundzwanzig Minudn ham´s braucht. Rekordverdächtig!"

„Kennzeichen?"

„Natürlich Fehlanzeige. Nichts zu erkennen. Aber da will ich nicht vorgreifen. Das wird alles noch ausgewertet, genauso wie die Aussage einer älteren Dame aus der Nachbarschaft, die nicht schlafen konnte und verdächtige Geräusche gehört hat. Gesehen hat sie aber nichts. Sie war zu müd, um aufzustehen und ans Fenster zu gehen."

„Dann habt ihr also nicht viel in der Hand, Anke."

„Eigentlich haben wir noch gar keine richtige Spur, Max. Und darum ruf ich heut auch an." Der Ton der Polizeichefin wurde offiziell: „Wenn wir mit unseren Erkenntnissen nicht weiterkommen, dann müssen wir eben andere Wege gehen. Dazu brauche ich dich, Max Esterl."

Auf Esterls leisen Protest hin, präzisierte seine Polizistenfreundin ihre Aussage: „Du bist doch schon gut integriert in Frauenau. Hör dich um beim Bäcker, geh ins Wirtshaus, zum Gesangverein, ins Fitnessstudio."

Seit seinem Erlebnis am Rachelnippeleröffnungstag hatte sich Esterls Verhältnis zum Studio wieder gewandelt:

„Mein Fitnessstudio ist der Wald. Was anderes brauche ich nicht zum Fitbleiben."

„Dann geh meinetwegen auf den Fußballplatz oder auch …", Anke musste lachen, „…auch zum Friseur. Habt ihr noch einen in Frauenau?"

Max strich mit seiner freien Hand über seine Glatze und lachte auch: „Natürlich haben wir einen Friseur in der Au. Sogar mehrere. Ich bin aber öfter beim Zahnarzt als beim Friseur."

Anke griff den Witz auf, den Max gemacht hatte:

„Dann geh halt häufiger! Lass dir was einfallen: Waschen, Fönen, Bartstutzen. Bei euch älteren Männern wachsen doch Haare aus der Nase, den Ohren, die Augenbrauen gehören zugeschnitten, da hat ein Friseur ständig zu tun.

Aber Spaß beiseite, Max: Wir kommen in diesem Fall nicht vom Fleck, und so sind wir auf Hinweise angewiesen, die uns weiterhelfen können. Es hat in den letzten Jahren mehrere dreiste Kunstraubzüge gegeben, denk an den Goldraub von Manching erst vor Kurzem und an den Juwelendiebstahl im Grünen Gewölbe in Dresden oder gar an den Raub der 100-Kilo-Münze aus dem Berliner Bode-Museum. Die Juwelen sind alle in den Fachkreisen bestens bekannt und registriert, die wird man so schnell nicht verkaufen können. In unserem Fall haben es die Gangster ganz leicht, die Ware zu verticken: Nichts davon ist registriert, das lässt sich alles ganz problemlos an reiche Sammler verkaufen. Und davon gibt es genug. Das Lötz-Glas hat Weltruf und einzelne Stücke erzielen regelmäßig Rekordpreise auf den Versteigerungen. Nur von einigen besonders schönen Vasen des Glasschatzes haben wir Fotos. Der Bürgermeister sagt, das ist alles zu schnell gegangen, sie wollten das Ganze erst in den nächsten Tagen gemeinsam mit den Experten vom Glasmuseum machen, die Registrierung, das Schätzen des Wertes und damit auch der Versicherungssumme. Der Schatzfund hat die Verwaltung einfach überfordert, Max."

Die bis jetzt sachlich-nüchtern klingende Stimme der Polizeichefin veränderte ihren Ton, wurde weicher, bittend:

„Max, du weißt es ja aus deiner aktiven Zeit: Wenn die Spuren nicht ausreichen, dann muss man andere Wege gehen. Und da kannst du uns helfen. Halt´ Augen und Ohren offen!"

Anke Brandt wertete das Schweigen vom Max als Zustimmung.

„Aber Max", schränkte Anke ein, „keine Alleingänge! Du bist unser ortskundiger, unauffälliger Späher. Sieh dich um, hör dich um. Alles andere überlass bitte uns!"

Zum Glück hatte Anke Brandt Späher gesagt und nicht Informant oder gar Zuträger. Diese Leute waren dem Max Zeit seines Lebens zuwider gewesen.

So aber brummte Max Esterl ein „Passt scho" ins Telefon, was seine Gegenüberin☺ zu einem „Subber, Max" veranlasste.

Nachdenklich holte Max Esterl sein Mittagessen aus dem Kühlschrank. Während er ohne große Begeisterung die restlichen Häppchen verzehrte, überlegte er:

Alle in der näheren und weiteren Umgebung hatten von dem Schatzfund gewusst, die Medien hatten die Nachricht ja zur Genüge breitgetreten.

Wer aber hatte gewusst, wo die drei Truhen gelagert waren?

Eigentlich jeder, der sich dafür interessierte. Niemand hatte ein Geheimnis daraus gemacht, dass sie im Rathaus aufbewahrt wurden. Dass sie im Keller lagerten, hätte jeder in Frauenau beim Metzger, Bäcker oder Friseur erfahren können. Niemandem im Rathaus war aufgefallen, dass sich jemand Verdächtiger herumgeschlichen oder auffällig benommen hätte. Keine Hinweise!

Die Art und Weise, wie der Einbruch durchgeführt worden war, ergab schon eher Rückschlüsse.

Das waren Profis gewesen. Sie hatten fachgerecht die Alarmanlage außer Betrieb gesetzt und sie hatten, soviel hatten die Recherchen der Polizei schon ergeben, praktisch keine Spuren hinterlassen.

Niemand hatte sie gesehen, die Suche nach Zeugen war ergebnislos verlaufen.

Eine dürftige Beweislage! Kruminale!

Das Einzige, was vielleicht weiterhalf, war, dass man die Augen offen hielt, da hatte die Anke schon recht.

Wo tauchte das erste Stück aus dem Diebstahl auf? Wer bot etwas an, wem wurde etwas angeboten? Leider aber existierte nur die Warenliste, mit den Beschreibungen, die der Gistl damals hatte anfertigen lassen! Fast keine Fotos, keine Skizzen!

Man konnte die einschlägigen Glasantiquitätenhändler informieren und diese um Mithilfe bitten, die Museen warnen, das Glasmuseum wusste natürlich sowieso Bescheid und half dabei.

Max legte sein Besteck weg und schob den Teller beiseite.

Geduld würde man brauchen. Geduld – und viel Glück.

Und ein Näschen. Ein Spürnäschen.

Max Esterl ging zwar nicht zum Bader, wie Anke Brandt es ihm empfohlen hatte, dennoch hörte er sich um in Frauenau.

Der Diebstahl war schon nicht mehr Tagesgespräch, aber hin und da wurde doch darüber geredet. Hauptthema war die Summe, die der Gemeinde Frauenau mit dem Diebstahl durch die Lappen gegangen war. Der Bürgermeister wurde von den Einen hart kritisiert, Andere aber konnten keine so große Schuld bei Bredl finden.

Alle aber waren sich einig:

Die Truhen waren schon längst weg, im Ausland. Die weitaus meisten vermuteten den Schatz in Tschechien, viele tippten auf Österreich, die Schweiz; Putin und Polen erhielten jeweils vier Stimmen, eine fiel auf die USA.

17. Kap.: Das Geschenkpapier

Dieses Jahr freute sich Max Esterl ganz besonders auf das Weihnachtsfest. Zwar hatte er mit Eva auch in den letzten Jahren, als Anna schon ausgezogen war, immer Weihnachten gefeiert, aber mit einem Kind in der Familie war das doch wieder etwas anderes.

In ihren jüngeren Jahren war natürlich ihre Ziehtochter Anna an Weihnachten im Mittelpunkt gestanden, aber damals, in der Zeit nach dem Unfalltod von Annas Eltern, war Weihnachten für Eva und Max eher bedrückend gewesen, voller Erinnerungen an Evas verstorbene Schwester und deren Mann und gleichzeitig voller Sorgen, ob sie beide die Eltern auch nur einigermaßen ersetzen konnten.

Die Sache mit Anna war Gottseidank gut gegangen und jetzt war sie selber verheiratet und Mutter der kleinen Josefine.

Toni Asnbrenr, ihr Mann, wollte heuer seine verwitwete Mutter aus Bergreichenstein holen, damit auch sie am Heiligen Abend gemeinsam mit der Familie feiern konnte. Am frühen Vormittag schon würde er rüberfahren in den Böhmerwald, um mit ihr rechtzeitig am Nachmittag in Frauenau zu sein.

Zdenka, die böhmische Großmutter, wollte es sich nämlich nicht nehmen lassen, einen Karpfen mitzubringen, um dem bayerischen Teil der Familie zu zeigen, wie ein richtiges Böhmisches Weihnachtsessen aussah.

Heuer würde Max Esterl auf seine Bratwüstl mit Sauerkraut verzichten müssen.

Bevor aber überhaupt an ein Essen oder die Bescherung zu denken war, hatte Max Esterl noch zwei Aufgaben zu lösen:

Drei Geschenke verpacken.

Und den Christbaum aufstellen.

Der Tag vor dem Heiligen Abend war für Max Esterl die letzte Gelegenheit, seine Weihnachtsgeschenke zu verpacken. Er wollte nicht in Stress geraten. Heute war Eva den letzten Tag in der Schule und seine Ziehtochter Anna war mit der kleinen Fini ebenfalls irgendwo unterwegs. Max war ungestört.

Er holte die drei Geschenke, die es zu verpacken galt, aus seiner Mini-Werkstatt, die er sich im Keller eingerichtet hatte und suchte nach Weihnachtspapier, um die kleinen Gaben zu verpacken.

Für drei Weihnachtsgeschenke sorgte Max nämlich jeweils selber, die anderen, wie die an seinen Schwiegersohn Toni oder dessen Mutter Zdenka besorgten Eva und Max gemeinsam.

Aber die Geschenke an seine Frau Eva und an seine Ziehtochter Anna, auch wenn es oft nur Kleinigkeiten waren, kamen immer von ihm persönlich. Das war Ehrensache für Max Esterl. Seit zwei Jahren war noch eine dritte Person hinzugekommen, der Max etwas zu Weihnachten schenkte: Seine Enkeltochter Josefine.

Schon seit Wochen war Max auf der Suche nach etwas Passendem gewesen, er hatte beobachtet, woran die Blicke seiner Frau besonders lange hängenblieben, hatte, wenn er in Zwiesel beim Einkaufen war, oft in den einzigen Supermarkt geschaut, der noch eine richtige eigene Spielzeugabteilung unterhielt. Spielwarengeschäft gab es auch in Zwiesel, das sich großspurig „Einkaufsstadt" nannte, schon lange kein gescheites mehr, ebenso wie kaum eines der anderen, kleineren Geschäfte mehr überlebt hatte: Der Stadtplatz samt Umgebung war eine Wüste, naja, eine Halbwüste, überlegte der Ex-Kommissar: Ein Bücherladen am Anger, der Dritte-Welt-Laden, die Kaffeerösterei, ein Haushaltswarengeschäft und ein recht gut sortiertes Schreibwarengeschäft, das auch Spielwaren und Bücher führte, hatten dem Lauf der Zeiten zum Glück getrotzt.

Im Schreibwarengeschäft am Stadtplatz hatte Max lange vor dem Regal mit den Puppen gestanden und überlegt:

Sollte er eine Baby Born oder eine Käthe Kruse-Puppe kaufen? Oder eine Sigikid-Puppe? Max Esterl war überfordert.

Er kaufte nichts, weil er sich nicht entscheiden konnte.

Außerdem hatte er erst vor wenigen Tagen in einem Zeitungsartikel gelesen, dass man Mädchen nicht mit Puppen und Buben nicht mit Baumaschinen spielen lassen sollte.

Genderneutral habe Spielzeug zu sein. Die Kinder sollten nicht so früh schon in bestimmte Rollen hineingeprägt werden. Max Esterl schien das ein wenig übertrieben. Er hatte als Junge nie den Gendarmen gespielt, sondern immer den Räuber und war dann trotzdem Polizist geworden.

Für Anna und Eva hatte Max schon vor vierzehn Tagen das Richtige gefunden, als er mit Eva den Hofladen der Alpakazucht angeschaut hatte, die sich vor wenigen Jahren in Frauenau angesiedelt hatte:

Graugrüne Wollhandschuhe für Anna und eine schöne, warme, bunte, handgestrickte Alpakamütze für Eva. Die hatte seine Frau damals lange in der Hand gehabt und sie schließlich zugunsten von ebenso warmen Alpakasocken beiseite gelegt. Max hatte gesehen, wie Eva mit einem Ausdruck des Bedauerns über die flauschige Mütze gestreichelt hatte, bevor sie diese wieder ins Regal zurücklegte. Am Tag darauf schon hatte Max die zwei Stricksachen gekauft.

War da im Alpakageschäft nicht eine gestrickte Wollpuppe gelegen? Max hatte sie damals, als sie Eva in der Hand gehabt hatte, kaum beachtet.

Die war genderneutral gewesen, fiel dem Max jetzt wieder ein. Etwas langweilig, aber neutral. Die war bestimmt auch genauso flauschig wie die Handschuhe für Anna und die Mütze für Eva! Kruminale, warum hatte er damals nicht daran gedacht?

Max war sofort wieder nach Frauenau zurückgefahren. Zum Glück war die Puppe noch zu haben.

Der lästigste Teil der Weihnachtsvorbereitungen war geschafft, jetzt fuhr Max heim, um alle drei Geschenke schön zu verpacken.

Wo war das Weihnachtspapier?

Max suchte in Evas Büro: Nichts.

Max suchte in Evas Kruschkasterl in der Küche: Nichts.

Max suchte im Hauswirtschaftsraum: Nichts.

Auch in der Speis fand Max nichts außer dem vorzüglichen Christstollen von seiner früheren Lieblingsbäckerei in Zwiesel, dem er nicht widerstehen konnte. Eine Schnitte davon ging immer. Kruminale!

Max wollte in seiner Not schon schnödes braunes Packpapier verwenden, da fand er doch noch einen Bogen in der Ablage beim Fernsehtischerl: Blaues Weihnachtspapier mit weißen Sternderln.

Ein Bogen: Das würde knapp werden, aber es konnte für die drei Geschenke reichen!

Max breitete die Alpakastrickereien auf dem Küchentisch aus und schnitt das Weihnachtspapier in drei etwa gleich große Teile.

Zum Glück konnte man die jeweiligen Geschenke gut zusammenknauschen. Max machte ein Knäuel aus den Alpakasocken und verpackte diese. Mit Tesafilm fixieren! Fertig!

Max machte ein Knäuel aus der Alpakamütze und verpackte diese. Mit Tesafilm fixieren! Fertig!

Max machte schließlich auch ein Knäuel aus der Alpakapuppe und verpackte diese. Mit Tesafilm fixieren. Alles fertig!

Geschafft!

Jetzt musste er nur noch die Namenskärtchen beschriften und dranhängen.

In dem Moment sah Max durch das Küchenfenster, wie das Postauto vorfuhr. Er hatte sich vorgenommen, der immer netten Postbotin das Weihnachtstrinkgeld persönlich zu überreichen und spurtete deshalb zur Haustür.

Bepackt mit etlichen Weihnachtskarten, eine davon kam von seinem Freund Pepi Holub aus Pilsen, und zwei Amazonpäckchen für Eva, kehrte Max zum Küchentisch zurück.

Auf diesem lagen drei noch zu beschriftende Namenskärtchen und drei praktisch identische, jeweils in blaues Sternderlweihnachtspapier eingewickelte Geschenke.

Max Esterl kratzte sich am Kopf.

War jetzt das obere Geschenk das für die Eva, oder das mittlere? Und Finis Päckchen? Max begann, die Päckchen abzutasten, Aufmachen kam nicht in Frage, dann wäre das schöne Packpapier ruiniert und die ganze Mühe umsonst gewesen.

Max nahm jedes Packerl in die Hand und drückte darauf herum: Vielleicht konnte er ja den Inhalt erfühlen. Das Einzige, was er mit der Drückerei erreichte, war, dass eines der Packerl schon einen leichten Riss bekommen hatte. Max lurte durch das kleine Guckerl hinein ins Packerlinnere: Annas Handschuhe erkannte er an ihrer grünen Farbe.

Blieben noch Fini und Eva.

Egal! Kruminale! Max schrieb die beiden Karterl und fixierte sie jeweils mit Tesafilm. Die erste Aufgabe war erledigt, auch wenn die Ausführung nicht einfach gewesen war.

Jetzt wartete die zweite Aufgabe auf Max: Das Aufstellen des Christbaums war, wie Eva sagte, Männersache.

18. Kap.: 8er Bohrer

Max zwängte die Tanne durch die geöffnete Balkontür ins Wohnzimmer. Dass dabei schon Mengen von Nadeln abfielen, war normal. Wo gehobelt wurde, fielen Späne!

Eva Esterl hatte den Platz, auf dem der Christbaum stehen würde, schon vorbereitet. Eine gestickte rostrote Decke lag dort, auf welcher der neue Christbaumständer darauf wartete, ihrer Nordmanntanne für einige Wochen eine solide Grundlage und ein fester Halt zu sein.

Bisher hatte Max Esterl immer den Corpus seines alten Eisstocks als Christbaumständer benutzt. Ihre Wohnung in München war zu klein für einen großen Baum gewesen und danach, in Zwiesel, waren Eva und Max allein gewesen: Da tat es ein kleineres Bäumchen auch.

Jetzt aber, in dem neuen, großen, hohen Wohnzimmer, konnte, ja musste der Baum ganz andere Dimensionen haben, schon wegen der kleinen Fini.

Fand Eva.

Für Max hätte es auch ein Bäumerl wie früher getan. Der Fini, meinte er, würde das egal sein, ob der Baum jetzt einen oder zwei Meter fünfzig hoch war, Kruminale. Die würde so und so Augen und Mund aufreißen und staunen.

Aber er wollte, so kurz vor dem Fest, nicht einen Streit riskieren.

Also begleitete er seine Frau zum Christbaumverkauf beim Edeka und sie kamen mit einem Baum heim, der den Max weit überragte und der so ausladend war wie ein Indianerzelt.

Unten war der Stamm so dick, dass er keinesfalls in den Eisstock passen würde, das hatte der Ex-Kriminaler sofort bemerkt. Außerdem wäre der Eisstock viel zu klein und zu leicht, um dem Riesenbaum einen sicheren Halt zu geben. Das sah auch Eva so, die plötzlich Alpträume bekam, in denen riesige lodernde Tannen die kleine Fini unter sich begruben.

Max erhielt die Order, im Baumarkt nach einem Christbaumständer zu suchen.

„Sicher und stabil", das waren Evas Ansprüche an das Gerät. „Leicht bedienbar", fügte Max noch hinzu, als er im Zwieseler Baumarkt bei einer vom Weihnachtsstress schon gezeichneten Verkäuferin nachfragte.

Sie wies mit der ausgestreckten Hand auf eine auffällig mit allerlei Weihnachtsdekoration versehene Regalwand, vor der einige selbst jetzt, kurz vor dem Fest, vollbepackte Tische standen.

„Dort ist unsere Weihnachtsabteilung. Dort finden sie alles. Auch Christbaumständer. Die dunkelgrünen sind kinderleicht zu bedienen und ganz sicher. Neues Patent!"

Was Max in der Weihnachtsecke fand, sah gut aus.

Eine achteckige, dunkelgrüne, schüsselartige Box aus hartem Plastik, mit einer Aussparung in der Mitte, in die man den Stamm des Baumes platzierte. Dann musste man nur noch schauen, dass der Baum gerade stand und konnte mit Hilfe eines Hebels vier Keile in Bewegung setzen, die den Stamm so festzurrten, dass er in der Senkrechten blieb.

„So einfach?", fragte Max sich. Kruminale! Alles was so einfach schien, diese Erfahrung hatte der Ex-Kriminaler oft in seinem Leben machen müssen, erwies sich am Ende entweder als Glump oder doch wieder als kompliziert.

Max wog den nicht ganz billigen Christbaumständer nachdenklich in seinen Händen.

„Der is praktisch, so einen hab´ ich auch daheim", kommentierte ungefragt ein älterer Herr, den Max vom Bräustüberl, seiner Stammwirtschaft her kannte.

Das gab den Ausschlag. Max wusste: Im Bräustüberl saßen lauter Experten.

Bierexperten, Kartenspielexperten, Politikexperten, Sportexperten, warum sollte nicht auch ein Christbaumständerexperte unter ihnen sein.

***

Nachdem Max Esterl daheim den neuen Christbaumständer im Wohnzimmer an der richtigen, von Eva zugewiesenen Stelle platziert und den Baumstamm hineingestellt hatte, musste er feststellen, dass er alleine es nicht schaffen würde, gleichzeitig den Baum in der Senkrechten zu halten und den Stamm mit dem Hebel festzumachen, der die Fixierungskeile in Bewegung setzte.

Er brauchte Hilfe. Das hatte ihm der Experte nicht gesagt.

Immer, wenn er seine Frau dringend brauchte, war sie nicht da! Kruminale!

„Eva, Eva!"

Max fand seine Frau im Keller, wo sie die Weihnachtsbeleuchtung suchte.

„Du hältst den Baum gerade, während ich ihn mit diesem Hebel fixiere. Ganz einfach!"

Eva hielt den Baum.

„Steht er gerade?"

„Soweit ich sehe, steht er senkrecht. Ich bräucht´ halt noch eine dritte Person, die aus zwei, drei Metern Entfernung dreinschaut."

„Dritte Person haben wir keine."

Mehr aus Gaudi fügte Max hinzu:

„Musst halt den Standspiegel aus dem Schlafzimmer holen."

„Eine gute Idee."

Eva ließ Max mit dem schiefstehenden Baum allein und ging ins Schlafzimmer, den Spiegel holen.

Max ließ den Ständer kurz los.

Der Baum begann sich zu neigen.

Max stützte ihn.

Eva brachte den Spiegel und stellte ihn so, dass sie sehen konnte, ob der Baum senkrecht stand.

„Jetzt passt es, Max!"

Max fixierte den Stamm mit dem Hebel, so streng er konnte. Jetzt, im Spiegel, erschien ihm der Christbaumständer etwas klein im Vergleich zu der Riesentanne.

Gerade deshalb aber kam es darauf an, dass der Baum genau senkrecht stand!

Noch zwei Mal korrigieren und zweimal fixieren:

Jetzt stand der Baum wie eine Eins.

Max wischte sich einige Schweißperlen von seiner Stirn, erhob sich ächzend von den Knieen und ging einige Schritte zurück, um sich selber davon zu überzeugen.

„Kruminale! Der Baum steht wie eine…", weiter kam Max Esterl nicht, denn der Baum neigte sich schon wieder zur Seite und wäre an den Kasten mit den wertvollen Theresienthaler Gläsern gekippt, wenn die geistesgegenwärtige Eva nicht einen Sprung gemacht und ihn gestützt hätte.

Was war da los? Warum hielten die Keile den Baum nicht richtig fest? Hatte er doch ein Glump gekauft, im Baumarkt? Ein teures Glump!

Aber der Bräustüberl-Sachverständige hatte doch fast geschworen…!

„Einmal probier´ ich´s noch“, beschied Max seiner Helferin und deutete ihr an, dass sie den Baum noch einmal gerade halten sollte.

Während er den Hebel mittlerweile zum vierten oder fünften Mal betätigte, begann in Max Esterl ein Grant heraufzuziehen, der sich beim siebten oder achten vergeblichen Versuch in blanke Wut steigern würde. Den Ständer würde er zum Wohnzimmerfenster hinauswerfen und den Baum zersägen und zerhacken. Kruminale! Und das an Weihnachten, dem Fest des Friedens!

Gerade jetzt, in dieser Minute des aufwallenden Zorns, kam auch noch sein Schwiegersohn, der Toni, durch die Tür. Die Eva, die blöde Kuh, hatte natürlich nichts Eiligeres zu tun, als dem Toni das Problem mit dem Ständer zu schildern.

„Der Max macht den Baum immer wieder fest, aber der fällt immer wieder um.“

Zu Toni sagte sie das, zu T o n i! Wo doch er, Max, der Problemlöser in der Familie war!

„Der Max schafft das nicht, Toni. Kannst du ihm helfen?“

Toni ließ sich das von seiner Schwiegermutter nicht zweimal sagen. Max kannte dieses Verhalten. Auch er war damals, in seinen jüngeren Jahren, so gewesen. Toni würde Pluspunkte bei ihr sammeln wollen.

Na gut, sollte er.

„Mach Baum nochmals raus, Max, ganz raus.“

Grummelnd folgte Max der Anweisung seines Schwiegersohns.

Toni nahm den Christbaumständer und schaute ihn sich genau an. Er schüttelte den Kopf, schaute noch einmal hin und sagte: „Aha! Jetzt hab´ ich´s: Max, brauch´s Bohrmaschin´ mit 8er Bohrer. Hast du?“

Max schüttelte seinen Kopf.

„Hast du nicht 8er? Kleiner gäht auch.“

„Ich hab den Kopf nicht geschüttelt, weil ich keinen 8er habe, sondern weil ich nicht weiß, warum du überhaupt einen Bohrer brauchst.“

„Na schau här!“

Toni nahm den Ständer nochmals zur Hand, hielt ihn dem Max hin und zeigte auf einen etwa fünf Zentimeter langen Metallstift, der in der Mitte der Ständerunterseite aus dem Boden nach oben schaute.

„Siehst du Finger aus Metall, Max, wo is do untn an Ständer?“ Max bejahte, Toni nahm den Akkuschrauber mit dem 8er-Bohrer und kommentierte seine Arbeitsgänge:

„Bohr ich Loch untn genau ins Mitte von Baum mit 8er Bohrer, setze Baum mit Loch auf Metallfinger – passt! Jetzt musst pumpän mit Häbäl, bis Baum is fix.“

Toni hielt den Baum senkrecht, was wegen der Stabilisierung durch den Stahlstift wirklich kinderleicht war, Max betätigte den schwarzen Hebel zum sechsten Mal – und der Baum saß!

Eva drückte ihrem Schwiegersohn einen lauten Schmatz auf die Wange.

Max ging wortlos zum Kruschkasterl beim Telefon, holte einen dicken schwarzen Filzstift und malte damit eine 8 auf den grünen Christbaumständer.

„Für den Fall, dass ich nächstes Jahr wieder ratlos vor dem Christbaum stehe", erklärte er der fragend schauenden Eva.

Max Esterl machte sich da nichts vor: Zum nächsten Weihnachtsfest würde er den Christbaumständer in der Hand halten und überlegen, was die Zahl 8 wohl bedeutete.

Max nahm den Stift noch einmal zur Hand und ergänzte:

„8er Bohrer nehmen!"

19. Kap.: Die Bescherung

Der Christbaum stand also jetzt so senkrecht u n d sicher, dass Eva mit dem Schmücken beginnen konnte.

Bratwürstl waren heuer nicht auf dem Speiseplan.

Max hatte also Zeit bis zum Abendessen.

Es war kalt und es hatte ein wenig zu schneien begonnen. Genau das richtige Wetter, um noch einen kleinen Spaziergang zu machen!

Eva war beschäftigt mit dem Schmücken des Christbaums, die inzwischen eingetroffene Zdenka weihte ihre Schwiegertochter Anna in die Geheimnisse der Karpfenzubereitung auf Böhmische Art ein und sein Schwiegersohn Toni spielte mit der kleinen Fini im Garten Schneeflocken fangen.

Max nahm den Weg hoch Richtung Oberfrauenau. Nur noch wenige Autos waren unterwegs, die letzten Einkäufe waren gemacht, die Hektik der vergangenen Tage war gewichen, Ruhe begann einzukehren, Max begegnete kaum einem Fußgänger, nur einige Eltern begleiteten ihre Kinder zur nachmittäglichen Kindermette in die Kirche.

Der Ex-Kommissar genoss es, die Kastanien- und Ahornallee nach Oberfrauenau hinaufzugehen, dabei den Schneeflocken beim Tanzen zuzuschauen und seinen Gedanken nachzuhängen.

Seit seiner eigenen Kindheit hatte er nicht viele beschauliche Weihnachtsfeste erlebt. Sein Beruf hatte ihn auch an den Feiertagen nie ganz losgelassen, gerade während der Weihnachtstage waren oft die schlimmsten und hässlichsten Verbrechen passiert. Beziehungstaten, Selbstmorde aus Einsamkeit, die zu den Festtagen besonders bedrückend wurde, all das waren Belastungen gewesen, die Max auch an Weihnachten nicht ganz verdrängen konnte.

So ein Glasraub war ein Klacks dagegen. Der konnte ihm die Feiertagslaune nicht verderben.

Und trotzdem dachte Max Esterl gerade jetzt, beim Spaziergang nach Oberfrauenau, an den Diebstahl. Würde sich noch eine Spur finden und verfolgen lassen?

Was, wenn die Diebe die wertvollen Stücke einzeln verscherbelten? Die Wege des Diebesguts zu verfolgen wäre dann schier unmöglich.

Max aber wusste auch: Wenn die Glasdiebe Profis waren – und alles deutete darauf hin – dann würden sie versuchen, das Glas nicht in Tranchen, sondern komplett zu verkaufen.

Das brachte mehr und war im Endeffekt wohl auch risikoloser.

Kurz vor Oberfrauenau bog Max nach rechts ab auf die „Spiegelstraße“ in Richtung Glaserhäuser. Dieses Sträßchen, das ohne große Steigungen bis zum Klingenbrunner Bahnhof führte, war in den Jahren, die er nun hier in Frauenau war, zu einem der Lieblingswege des Ex-Kommissars geworden.

Der Weg, das konnte man an den riesigen, moosbewachsenen Alleebäumen erkennen, die ihn säumten und die immer wieder schöne Blicke ins Tal hinunter nach Frauenau freimachten, der Weg war uralt. Früher, vor dem Bau der Eisenbahn, als er noch eine Verbindung von Oberfrauenau in den Nachbarort Klingenbrunn gewesen war, war er wohl ganz schön frequentiert gewesen von Fußgängern, Warentransporten und natürlich Holztransporten aus den schier unendlichen Wäldern der Freiherren von Poschinger an den Hängen des doppelgipfeligen Rachels, zu dem die Frauenauer nur Rai sagen.

Heute war die Forststraße den schweren Holzerntegeräten und Holztransportern vorbehalten. Und sie war ein

Eldorado für Radfahrer und Spaziergänger. Fast zu jeder Tageszeit konnte man welche antreffen.

Sogar heute, am späten Nachmittag, kurz vor dem Heiligen Abend.

Der schneebedeckte Mann, der Max mit langen Schritten entgegenkam, entpuppte sich als der Bürgermeister.

Auch er hatte allein sein wollen.

Aber als der Bürgermeister sah, dass es Max Esterl war, der ihm da in der Einsamkeit der Rachelwälder begegnete, nutzte er die Gelegenheit und begleitete den Ex-Kommissar ein Stück seines Weges, der jetzt in einer großen Schleife wieder in den Ort zurückführte.

Er gestand dem Max, welche Gedanken ihn seit dem Diebstahl plagten.

Dass die Meinung der Bevölkerung sich zu wenden begann, dass sich inzwischen viele Bürger gegen das Gistl-Projekt aussprachen, und dass die Sexmesse die Stimmung in Frauenau endgültig zum Kippen gebracht hatte.

„Die Messe war doch erfolgreich, oder?", wandte Max ein.

„Ja, Max, sehr erfolgreich sogar. Eine Menge Besucher, alle Betten im Ort belegt, da kann man nicht klagen. Die Betreiber des Gistl haben bestimmt gut abkassiert. Aber die Stimmung im Ort, Max, die Stimmung schlägt um. Das spürt man.

Einer der Hoteliers hat mir gesagt, eher sperre er das Hotel im nächsten Jahr zur Sexmesse zu, als dass er wieder solche Gäste aufnehme wie heuer. Im Whirlpool haben sie eine Orgie veranstaltet, alles versaut! Die Scherben von den Sektgläsern suchen die Putzfrauen noch heute wie die Stecknadeln im Heuhaufen. In den Pool kannst du niemanden reinlassen!

Und in den anderen Hotels war das ähnlich. Die Gäste, die mit der Sexmesse nichts zu tun hatten und nur einen friedlichen und erholsamen Urlaub in Frauenau verbringen wollten, die werden bestimmt nie mehr wieder kommen.

Und die Auerer überbieten sich im Erzählen von immer wilderen Geschichten."

In diesem Augenblick musste Max an den Auftrag denken, den er vom Bürgermeister erhalten hatte:

„Auf der Messe selbst ist aber alles ganz gesittet abgelaufen. Naja", korrigierte Max, als er die Zweifel in Bredls Gesicht sah, „gesittet ist vielleicht das falsche Wort. Aber ich habe dort nichts gesehen, das gegen ein Gesetz verstoßen hätte."

„Ja, Max, für deinen Messebesuch wollte ich mich eh noch extra bei dir bedanken. Auch wenn es rechtlich nichts zu beanstanden gab: Die Messe war das Schlechteste, was dem Gistlsaal hat passieren können. Jetzt haben die Gegner Oberwasser!"

Der Bürgermeister blieb unvermittelt stehen und schaute Max ziemlich verzweifelt an:

„Und da ist natürlich so eine schlechte Nachricht, wie die von dem Diebstahl, eine zusätzliche Portion Gift!

Max, nicht einmal jetzt, an so einem Tag, finde ich meinen Frieden. Ich laufe durch den Winterwald und schau nicht nach links und nicht nach rechts. Immer sehe ich die Truhen mit dem Glas vor mir, immer mach ich mir Gedanken.

Ich weiß, Max, es wird nicht einfach, aber: Hilf, die Truhen zu finden! Frauenau braucht endlich eine gute Nachricht, eine Hoffnung!

Hilf die Truhen zu finden!"

Die Worte des Bürgermeisters verfolgten Max Esterl noch den ganzen Abend. Fast den ganzen Abend, denn bei der Bescherung war Max durch die Josefine so abgelenkt, dass er den Bürgermeister und dessen Probleme zwischenzeitlich vergessen konnte.

Die Bescherung war wegen der kleinen Fini vorgezogen worden. Sie sangen diesmal nicht nur deutsche, sondern auch tschechische Weihnachtslieder und wünschten sich nicht nur „Frohe Weihnachten", sondern auch „Vesely Vanoce".

Der Riesenchristbaum rief natürlich allgemeine Bewunderung hervor. Fini tanzte wie verrückt vor dem Baum und war kaum zu halten, als sie sah, wie viele Geschenke ihr die beiden Christkindln, das böhmische und das bayrische gebracht hatten.

Der letzte Ton war noch nicht verklungen und der letzte Sternschneizer noch nicht erloschen, da machte sich die Fini schon auf die Suche nach ihren Geschenken.

Nacheinander packte sie das Puppenwagerl der Bergreichensteiner Oma, die Duplobausteine von Mama und Papa und den Minikaufladen der Auerer Oma aus. Alle diese Geschenke registrierte Fini zwar, aber bei keinem blieb sie jeweils richtig „hängen", sofort stürzte sie sich auf das nächste.

Zum Schluss riss sie das sternderlblaue Papier des unscheinbarsten Geschenks auf. Zum Vorschein kam…eine bunte Alpakastrickmütze, die ihr der erschrockene Max jedoch wegnehmen wollte.

Alle protestierten sofort, Fini natürlich am lautesten: Sie begann zu heulen. Max wurde immer kleiner unter den strengen Blicken seiner Familienmitglieder und musste mitansehen, wie die kleine Fini die ihr viel zu große bunte Mütze aufsetzte, sich über ihr kleines Köpfchen zog und immer wieder rief:

„Nimmer da, Fini nimmer da!"

Dann verschob sie die Mütze ein klein wenig nach oben, lugte mit einem Auge unter der linken Ohrenklappe hervor und rief „Fini wieder da!"

So wiederholte sich das Spiel und sowohl Fini als auch die Herumstehenden hatten minutenlang ihren Spaß daran.

Danach machten sich auch die Erwachsenen ans Auspacken ihrer Geschenke. Eva war einigermaßen verwundert darüber, dass sie von Max eine aus Alpakawolle gestrickte Puppe bekommen hatte, und Max brauchte einige Zeit, um das Missverständnis, an dem allein die Postbotin schuld war, zu erklären. Fini nahm dann gnädig auch die Puppe in ihren Besitz. Die Mütze ihrer Großmutter allerdings rückte sie nicht mehr heraus. Jedes Mal, wenn Max seine Finger danach ausstreckte, riss sie das Stück an sich, schaute Max kopfschüttelnd an und zwitscherte: „Nein-Nein, Opa!"

Auch während des Weihnachtsessens dachte Max wieder an den Bürgermeister und seine Worte, allerdings nicht mehr so intensiv. Seine Konzentration galt jetzt dem hervorragend zubereiteten, knusprig panierten Karpfen, den Max sich nicht so schmackhaft und saftig vorgestellt hatte und den Gräten, die sich aber als harmlos erwiesen.

Der Kartoffelsalat nach böhmischer Art mit Mayo, Gelben Rüben und Erbsen erwies sich der bayerischen Variante als durchaus gleichwertig.

Zum Essen ließ sich Max Esterl einen traditionellen Weihnachtsbock von seiner Zwieseler Stammbrauerei schmecken, der er auch nach seinem Umzug nach Frauenau treu geblieben war.

Danach brachte Anna ihre vom Geschenkauspacken und Spielen schon ziemlich erschöpfte Fini ins Bettchen, wo sie darauf bestand, mit der Alpakamütze zu schlafen. Die übrigen Familienmitglieder ratschten und tauschten Weihnachtserinnerungen von früher aus.

Zdenka erzählte von den Zeiten, als die Kommunisten die alten böhmischen Weihnachtsbräuche verboten hatten und von den Tränen der Freude, als die wunderbare „Böhmische Hirtenmesse“ des Jan Jakub Ryba zu ersten Mal wieder in ihrer Kirche ertönen durfte.

Dann wurde es Zeit für die Christmette.

Anna, die mit ihrer schönen Altstimme seit einiger Zeit den Frauenauer Kirchenchor verstärkte, war schon vorausgegangen, Toni blieb daheim und passte auf Fini auf.

Eva, Zdenka und Max gingen zu Fuß zur Kirche.

Zdenka freute sich schon auf die Christmette und sie war überrascht, wie viele Menschen aus allen Richtungen der Frauenauer Rokokokirche zueilten. Bei ihr daheim in Kasperske Hory war die Kirche an Weihnachten zwar auch noch einigermaßen besucht, aber diese Menge an Gläubigen war für sie ein Erlebnis.

Dabei war doch schon die Kindermette am Nachmittag, zu der sie mit Toni und Fini gegangen war, übervoll gewesen. Als Eva ihr sagte, dass der Kirchenbesuch auch in Frauenau seit Jahren schon nachlasse, schüttelte sie ungläubig ihren Kopf.

Irgendwie lief der Gottesdienst an Max Esterl vorbei. Er hörte kaum hin, als der Pfarrer begrüßte, er verpeilte Kyrie und Gloria, obwohl der Kirchenchor stimmgewaltig sang, er hörte kaum auf die Lesung und erst zum Evangelium zwang er sich doch zur Aufmerksamkeit.

Max hörte die Geschichte vom Kaiser Augustus, von der Volkszählung und dem sicher beschwerlichen Weg des jungen Paares nach Betlehem bestimmt schon öfter als hundert Mal. Sie behielt aber ihren Zauber, der wohl aus den Kindheitstagen stammen musste.

„Fürchtet euch nicht, denn ich verkündige euch eine Frohe Botschaft!“, hörte Max Esterl die Stimme des Pfarrers.

So hatten die Engel zu den Hirten auf dem Feld gesprochen.

So eine gute Botschaft brauchte der Bürgermeister, brauchte ganz Frauenau jetzt auch.

Während alle anderen Kirchenbesucher dem Pfarrer auf seine Worte „Evangelium unseres Herrn Jesus Christus“ ein „Lob sei dir Christus“ erwiderten, entfuhr Max ein deutlich vernehmbares „Kruminale!“. Er bekam dafür einen Rippenstoß von Eva.

Trotzdem verspürte der Ex-Kommissar, als er mit seinen drei Frauen von der Christmette heimging, das Gefühl, dass alles gut werden würde.

„Fürchtet Euch nicht“, war sein letzter Gedanke, als Max in dieser seltsamen Heiligen Nacht einschlief.

***

Eigentlich hatte Max Esterl am ersten Weihnachtsfeiertag vorgehabt, in die Bücher reinzulesen, die ihm seine Frau, die Deutschlehrerin wie jedes Jahr zu Weihnachten geschenkt hatte.

„Ferien im Böhmerwald“ hieß eines davon und der Untertitel „Erinnerungen von Karl Klostermann“ sprach Max Esterl, der ein großer Fan dieses Böhmerwalddichters war, besonders an.

Der Klostermann aber würde jetzt warten müssen, das Gistl-Glas und der Pepi Holub gingen vor. Kruminale!

Max Esterl legte das Buch zur Seite und griff energisch zum Telefonhörer.

Der bayerische pensionierte Polizist Max Esterl rief seinen Freund, den tschechischen beurlaubten Polizisten Oberst Pepi Holub an.

Nur kurze Zeit hielt sich Max Esterl mit den üblichen Weihnachtsgrüßen auf.

Dann kam er zum Thema:

„Hast du gehört. Pepi, was bei uns in Frauenau passiert ist?"

„Jo, hob ich´s. Deitsch Polizei sucht noch immr nach Tetr, odr? Auch bei uns hat Suchä begonnen. Is leicht meglich, dass Tetr und Glas is bei uns in Tschechei.

Weißt du, Maxe, dass Glas aus Klostrmihle gehert eigentlich zu tschechischr Staat?"

„Naja, Pepi, ob das jetzt dem tschechischen Staat als dem Nachfolger der Glashütte Klostermühle gehört oder der Gemeinde Frauenau, das wird man juristisch klären müssen.

Ein großer Teil des Glases aber ist privat verkauft worden. Vom Glasmacher Hasenkopf aus Klostermühle an den Isidor Gistl aus Frauenau, daran gibt es keinen Zweifel. Das hat dem Glasmacher Hasenkopf gehört und nicht der Glashütte Klostermühle. Die Frage ist eher, ob es heute den Gistl-Erben oder der Gemeinde Frauenau gehört.

Aber das ist nicht unser Bier. Erst müssen wir das Glas finden. Und dabei musst du uns helfen, Pepi."

Max schilderte seinem Polizistenfreund, dass die Diebe kaum Spuren hinterlassen hatten und dass die Anke Brandt ihn deshalb gebeten hatte, seine Augen und Ohren offen zu halten.

Als Max Ankes Namen erwähnte, hörte er ein Pfeifen durchs Telefon. Pepi bewunderte schöne Frauen und Anke hatte offenbar nachhaltigen Eindruck bei ihm hinterlassen.

„Halt ich Augän offän, fir Anke Brandt und Ohrän, Maxe", versicherte Oberst Holub, „ich hab´ doch jetzt Zeit. Und wenn brauchst Hilfe, Max, dann bin immr für dich da. Hab´ noch Kontakt zu alte Freinde bei Polizei. Und wenn willst,

Maxe, auch Kontakt zu Untrwelt. Jätzt, wo ich nicht mähr bins bei Polizei, is noch einfachr mit Kontakt.“

Diese Kontakte, so meinte Max Esterl, konnten vielleicht noch interessant werden.

„Dann aktiviere mal deine Verbindungen, Pepi! Und warte nicht zu lange damit. Wir müssen das Glas möglichst schnell finden. Wenn die Diebe das Zeug erst einmal vertickert haben, dann können wir suchen, bis wir schwarz werden.“

„Schwarz werden? Vrtickert? Maxe, warum redest du in Rätsel mit armes Pepi?“

Wie so oft hatte Max im Dialog mit seinem tschechischen Freund ein Deutsch mit zu speziellen Ausdrücken gewählt.

Vertickert und schwarz werden: Das war zu viel verlangt von Pepis Schul-Deutsch.

Also noch einmal:

„Wenn die Diebe das wertvolle Glas schon verkauft haben, dann werden wir das Glas nicht wieder finden.“

Was hätte Max dafür gegeben, wenn er auch nur einfache Sätze wie diesen auf Tschechisch sagen hätte können!

„Nemluvim česky“ aber war schon einer seiner längsten.

Pepi hatte auf alle Fälle Esterls zweite Version verstanden und versprochen, sich sofort in Pilsens einschlägige Kneipen zu begeben, sich bei den Leuten dort umzuhören und seinem Freund gleich Bescheid zu sagen, wenn er etwas erfuhr.

„Kostet aber Späsän, Maxe“, beendete Holub lachend das Gespräch. „Bin nix mehr bei Polizei.“

20. Kap.: Wolfsgruben

Momentan hieß es warten. Max glaubte nicht, dass er in Frauenau noch etwas in Erfahrung bringen konnte.

Die Diebe waren von auswärts gekommen, das waren Profis.

In Frauenau gab es auch Profis:

Profiglasmacher, Profiholzhauer, Profijäger, -schafkopfspieler, -eisschützen, -ja sogar Profinörgler gab es, aber die gab es in jedem Dorf, selbst im kleinsten.

Profieinbrecher traute Max Esterl dem Ort, in dem er seit fast drei Jahren wohnte, nicht zu.

Also musste man anderswo suchen, auf alle Fälle auch jenseits der Grenze. Aktiv suchen aber würde man in diesem Fall gar nicht können. Jetzt hieß es Augen offen halten und warten, bis die Diebe den ersten Zug machten.

Irgendwann in der nächsten Zeit würde das Zeug auf den Markt kommen. Und dann mussten sie schnell sein und sofort zuschlagen!

Die Woche zwischen Weihnachten und Neujahr genoss Max Esterl. Zum Skifahren war es für ihn noch zu früh, die Skigebiete des Bayerischen Waldes gehörten in dieser Zeit den Touristen. Max würde seine Skier erst Ende Januar aus dem Keller holen.

Aber das Langlaufen probierte er, und es klappte beim zweiten Mal schon besser als bei seinem Einstand als Stuntman im Pornofilm. Frauenau besaß ein eigenes kleines Langlaufzentrum in Oberlüftenegg und die beiden Esterln drehten jeden Tag ihre dreiviertelstündige Runde dort. Die Loipen waren hervorragend präpariert und man musste die Gelegenheit nutzen. Die Klimaerwärmung hatte auch das Waldgebirge nicht verschont: Der alte Waidlerspruch „drei Vierteljahr Winter – ein Vierteljahr kalt" hatte seine Gültigkeit verloren, man musste froh sein, wenn die geschlossene Schneedecke wenigstens noch einige Tage hielt.

Schon nach wenigen Skiausflügen dachte Max nicht mehr an seine Langlaufunfälle voriges Jahr im Böhmerwald und vor Kurzem am Stausee.

Jeden zweiten Tag rief der Bürgermeister bei Max an und fragte nach dem Stand der Dinge, aber Max hatte keine neuen Informationen.

Bald würde das Jubeljahr 2024 richtig losgehen. „700 Jahre Frauenau!", stöhnte der Bürgermeister am Telefon, „und das sechshundertneunundneunzigste wird eines der dunkelsten Jahre in der Geschichte Frauenaus."

Max versuchte den Bürgermeister mit dem Zweiten, dem Ersten Weltkrieg, dem Napoleon, den Pandurenüberfällen, dem Dreißigjährigen Krieg, den Hussiten und schließlich sogar mit den Böcklerkriegen zu trösten, aber Franz Bredls Stimme klang immer verzweifelter.

„Na, naaa, dass mir des passieren muss, ausgerechnet mir!"

Zwei Tage vor Sylvester standen die Neujahranblaser der Frauenauer Blaskapelle vor der Esterlschen Haustür. Das Neujahranblasen ist ein schöner Brauch, der im Bayerischen Wald noch häufig anzutreffen ist. Die Bläser gehen von Haus zu Haus, spielen jeweils zwei Musikstücke, wünschen Glück im Neuen Jahr und bekommen dafür von den Hausbesitzern einen Obulus, meistens Geld, manchmal auch Geld und Schnaps.

Max Esterl mochte diesen Brauch, der ihn an seine Kindheit erinnerte. Er hatte extra die Josefine mit vor die Tür genommen, die keineswegs erschreckt und schüchtern war, wie ihre Mutter befürchtet hatte, sondern mit ihren kleinen Patschehänden mitklatschte und lachte. Die geliebte Alpakamütze hing ihr tief über die Augen.

Die Neujahranbläser waren bekannt dafür, dass sie die Titel ihrer Musikstücke häufig nach der Person wählten, die gerade vor ihnen stand.

Jägern wurde gern die Polka von den „rehbraunen Augen“ gespielt, die den Jäger anschauen, Männer, die das Bier gern mochten, bekamen „Trink, trink, Brüderlein trink“ zu hören, die „Fischerin vom Bodensee“ war den Anglern vorbehalten.

Der Leiter der Kapelle, der selber im Gemeinderat saß und nicht der Partei des Bürgermeisters angehörte, intonierte als ersten den Faschingstitel „Wer soll das bezahlen?“

Max war sofort klar, dass dies auf den Verlust des Glasschatzes hindeuten sollte. Etliche im Gemeinderat hatten mitbekommen, dass Max Esterl vom Bürgermeister zu Rate gezogen wurde, bestimmt wollte der Kapellmeister darauf anspielen.

Nachdem Max die kleine Fini den Musikern ihren Obulus geben hatte lassen, ließen sie als zweites Stück die Hymne des Böhmerwaldes erklingen, das Lied des Komponisten Andreas Hartauer, das noch heute den alten Böhmerwäldlern die Tränen ins Auge drückt und das bis heute hüben wie drüben gesungen wird: „Tief drin im Böhmerwald“. Max sang laut mit und er bedauerte, dass die Zdenka aus Kasperske Hory schon vor zwei Tagen heimgefahren war. Sie beide hätten jetzt den Walzer gemeinsam erklingen lassen können.

Er auf Deutsch und sie auf Tschechisch: „Tam v hloubi Sumavy…“.

Nachdem Max die Fini wieder bei ihrer Mama abgeliefert hatte, summte er immer von Neuem in Gedanken das Böhmerwaldlied vor sich hin: „Tief drin im Böhmerwald…“.

Und plötzlich glaubte Max Esterl, dass die Liedertitel nicht zufällig so aufeinandergefolgt waren. Irgendwie war da ein Zusammenhang: „Wer soll das bezahlen?" und „Tief drin im Böhmerwald"! Kruminale! Hatte er jetzt eine Vision gehabt? War der Glasschatz im Böhmerwald gelandet?

Gleichzeitig aber musste der Ex-Kriminaler über sich selber lachen. Das wäre ja noch schöner, wenn er an Visionen glauben würde! Da hielt Max Esterl sich lieber an die Worte des früheren Bundeskanzlers Helmut Schmidt: „Wer Visionen hat, sollte zum Arzt gehen", hatte der Kanzler einmal über seinen alten Rivalen Willi Brandt gesagt.

21. Kap.: Es gäht los!

Der letzte Tag des alten Jahres brachte noch einmal Sonnenschein und Frost, und dann leuchtete und krachte das in diesem Jahr besonders prächtige und aufwändige Sylvesterfeuerwerk die Auerer hinüber in ein denkwürdiges 2024.

Schon am 2. Januar meldete sich Pepi Holub am Telefon.

„Ahoj, Maxe! Jetzt gäht es los!“ Der Polizeioberst kam gleich zur Sache:

Er habe Infos.

„Die Einen sagän, dass das Glas sich in Tschechei befindät, eine Kwälle sagt aber auch, dass ein österreichischer Sammlr hat gäkauft Glas.

Wenn Glas bei uns in Tschechei ist, dann bekommen wir! Maxe, ich bin´s dran an Glas und ich bleib´s dran. Du herst von mir, wenn ich weiß mehr. Schen Grieße an Ewa!“

Das war schon mal was. Jetzt musste man warten, bis Pepi Holub seine Netze auswarf. Und hoffen, dass der große Fisch, an dem sie da dran waren, nicht merkte, wie sich das Netz zusammenzog.

Max rief den Bürgermeister an, um dessen Stimmung aufzuhellen und um ihn darauf vorzubereiten, dass eine gewisse Summe aus dem Erlös des Glases wohl für Spesen draufging.

Das war dem Bredl Franz egal. Hauptsache er war einigermaßen rehabilitiert.

„Wos kost, des kost´s!“, rief er dem Max ins Telefon. Aber da hatte der schon aufgelegt.

***

Es war am Tag vor dem Dreikönigsfest, die Sternsinger der Pfarrei standen gerade vor der Tür und baten um eine kleine Spende, als der nächste Anruf von Pepi Holub kam.

Max rief nach Eva. Sie sollte den Sternsingern ihren Obulus überreichen, während er zum Telefon eilte. Schon vor dem Abheben wusste Max, dass Pepi dran war und er ahnte, dass dessen Recherche etwas gebracht hatte.

Die Ahnung vom Max sollte sich bestätigen.

Pepis Stimme klang ungewöhnlich hoch.

War er aufgeregt?

Er, der sich eiskalt auf Schießereien eingelassen hatte, der so oft sein Leben riskiert hatte!

Plötzlich hatte er eine Stimme wie ein Tanzkursabsolvent bei der Bitte um den ersten Tanz.

„Maxe!“, rief der Tscheche, „Maxe, es is soweit. Übrmorgän ist Tärmin fir Vrhandlung. Glas ist in Sidbähmen. Schloss nahe Strakonice. Hast du Zeit?“

Und Pepi erklärte seinem Freund, was er durch seine Gangsterfreunde herausbekommen, was er bereits mit den jetzigen „Inhabern“ des Glasschatzes ausgehandelt hatte und wie er in den Besitz des Glasschatzes kommen wollte.

Max Esterl beendete das lange Gespräch mit einer Frage.

„Bist du dir ganz sicher, Pepi, dass deine Unterwelt-Freunde dir da nicht eine Falle gebaut haben? Und du und ich sitzen mittendrin in dieser Falle, wie zwei Mäuse.“

„Wenn Falle, dann Wolfsfalle, Maxe! Mit Mausefalle fängt man nicht Kommissar Esterl und Obrst Holub!“

Holub lachte: „Vlcy jami is netig fir uns. Vlcy jami!“

Gleich nach dem Gespräch schaute Max in den Google-Übersetzer. Dort stand:

„Vlcy jami – Wolfsgruben“.

Zwei Tage später, am Nachmittag des 7. Januar, fuhr Max Esterl mit seinem alten, schon etwas zerbeulten Renault Kangoo in den Hof des kleinen Häuschens in Železná Ruda, das Irmi sich als Privatwohnung gemietet hatte. Es lag etwa einen halben Kilometer vom „Roten Herz“, ihrer Arbeitsstätte entfernt. Diesen Abstand, so betonte Irmi, brauchte sie.

Max Esterl stieg aus dem Auto. Er trug Krawatte und Anzug, seinen Mantel hatte er über den Arm gelegt. Den Anzug hatte Eva erst suchen und dann entstauben und bügeln müssen. Seit seiner aktiven Zeit hatte Max keine feine Kleidung mehr gebraucht. Jetzt aber war der Anzug ein Teil des Plans, den Pepi geschmiedet hatte.

Irmi und Pepi erwarteten ihren Freund schon in Irmis Haus. Irmi servierte Kaffee und Kuchen, und zog sich danach zurück, um sich in Schale zu werfen, während Pepi Holub begann, dem Max seinen Plan auseinanderzusetzen.

„Du, Maxe, bist deutschr Millionär und Sammlr vons Glas.“

Pepi warf einen kritischen Blick auf Max Esterls Anzug.

„No, a bissl fajnr, Maxe, kenntest du schon ausschauen! Und Irmi is dein Partnerin. Abr nur Theater, nix real!“

Pepi zog klare Grenzen.

Max und Irmi seien ein deutsches Millionärspaar, das Glas zu sammeln begonnen habe. Den Einwand von Max, dass er fast keine Ahnung von Glas habe, wischte Pepi zur Seite. Sie beide seien ja keine ausgemachten Sammler, sondern eher Schnäppchenjäger ohne große Kenntnisse. Das würde die Verkäufer sogar freuen. Solche Idioten konnte man leichter über den Tisch ziehen.

Er, Pepi, spiele den Vermittler und Dolmetscher. Obwohl Irmi in Wirklichkeit einigermaßen gut Tschechisch spreche, würde er die Verhandlungen führen. Es sei allerdings Vorsicht geboten bei den Gesprächen untereinander. Pepi vermutete, dass einer der tschechischen Verhandlungspartner auch Deutsch sprach.

„Haben bestimmt deitschä Hintrmännr. Tun so, als ob Besitzer von Schloss. Abr, Maxe, hab´s gehärt dass Schloss gehärt ins Wirklichkeit reichä Deitschä.“

Natürlich würde Pepi darauf bestehen, dass sie das Glas auch begutachten mussten. Er war überzeugt, dass die Verkäufer ihnen die Truhen mit dem Glas am Originallagerplatz zeigen würden. Das Glas lagerte bestimmt irgendwo versteckt in einem Keller oder Speicher des Schlosses. Wer würde sich schon die Mühe machen und das alles in den Salon transportieren?

Danach, so hatte Pepi ausgemacht, seien sie eingeladen:

Die Preisverhandlungen sollten im Rahmen eines festlichen Abendessens ablaufen. Vielleicht kamen dazu auch die Deutschen.

Damit, so Pepi, wollten die Verkäufer wohl Eindruck machen und den Preis steigern.

Gleich vor dem Beginn des Diners würde er, Pepi, nochmals unter einem Vorwand auf die Toilette gehen und dort mit seinen in der Umgebung des Schlosses wartenden Partnern aus dem Einbrechermilieu telefonieren und ihnen die Lage und die Sicherung der Glastruhen durchgeben.

„Abr Maxe, bin ibrzeigt, dass die Vrbrechr haben gar kein System von Alarm. Fiehlen sich sicher! Wer stehlt Glas von Glasmafia? Keinr!“

Pepi lachte.

„Nur Max Esterl und Josef Holub! Sakra, Maxe. Dass ich das noch erläbä!“

Max konnte nicht recht mitlachen. Er hatte seine Zweifel: Da waren zu viele Unwägbarkeiten und Risiken.

„Und wie kommen wir dann aus der Sache raus, Pepi? Selbst wenn das mit der Wiederbeschaffung der Truhen durch deine Leute klappt, während wir mit den Gangstern fein speisen. Wir drei müssen doch irgendwie einen Abgang machen."

„Das geht ganz einfach." Irmi war lautlos ins Zimmer getreten.

Pepi und Max hielten die Luft an.

Irmi sah umwerfend aus.

Das ganz schlicht geschnittene, halblange schwarze Kleid betonte ihre aufregende Figur auf total unaufdringliche Weise und brachte auch ihre schlanken Beine, die in roten, halbhohen, eleganten Stiefeletten steckten, toll zur Geltung.

Der nach vorne spitz zulaufende Pagenhaarschnitt, den Irmi trug, seit Max sie kannte, wurde zitiert im V-Ausschnitt ihres Kleides, der dezent und doch aufregend war.

So eine Erscheinung, konstatierte Max, war erotisch. Nicht die blanken Busen der Sexmessedamen. Kruminale!

Irmi lachte, als sie die offenstehenden Münder ihrer zwei Partner sah und nahm ihre Worte von vorhin wieder auf:

„Das geht ganz einfach mit dem Abgang: Mein Partner", sie deutete auf Max, „und ich sind uns nicht klar darüber, ob das Glas den verlangten Preis auch wert ist. Wir beginnen zu streiten. Du bist der Geizkragen."

Irmi deutete mit ihrem brillantberingten Finger nochmals auf Max.

„Und ich will das Glas unbedingt, weil ich verliebt bin in die Vasen. Zwei, drei lass ich mir ja eingehen", imitierte Irmi die Stimme von Max, „aber gleich die ganze Packung!

So geht das eine Zeit, bis ich zu den Verkäufern sage, dass sie von mir hören werden und sofort einen Termin mit ihnen ausmache, an dem ich alleine wiederkommen werde."

Irmi lachte: „Den Termin brauch´ ich mir nicht aufschreiben. Die Verkäufer werden Augen machen, wenn sie nichts mehr zu verkaufen haben. Hoffentlich arbeiten deine Leute so gut, wie du sagst, Pepi. So perfekt können sie ja nicht sein, sonst hättest du sie ja nie erwischt!“ Irmis Stimme war ein wenig ironisch geworden.

Pepi sprang sofort an:

„Meinä Leutä sinds erste Kwalitet. Abr Josef Holub is ebän noch bässr!“

22. Kap.: Scharfer Hund und Kuttelfleck

Damit war alles geklärt. Die drei Freunde machten sich auf den Weg von Železná Ruda nach Sušice und weiter nach Horaschdowitz/Horažďovice. Nicht weit von dem kleinen Städtchen an der Otava Richtung Strakonice stand das Schloss, in dem das Glas lagerte.

Pepis Freunde waren schon seit einer halben Stunde von Pilsen her unterwegs. Kurz vor dem Ziel hatte Pepi noch eine Besprechung anberaumt. Pepis Plan A, so fand Max, barg so viele Risiken, dass man mindestens einen Plan B, wenn nicht sogar Pläne C und D brauchte.

Bei so viel Unwägbarkeiten durfte nichts, was planbar war, dem Zufall überlassen werden! Kruminale!

Nach der Besprechung rollte das Auto der drei Schatzsucher, ein von Pepi Holub in Pilsen geliehener dicker, dunkler BMW, langsam eine jetzt laubfreie Allee zum Schloss hinauf.

Pepis Einbrecherbande folgte in gebührendem Abstand.

Ein paar Schneereste säumten den Weg vom Parkplatz zum Schloss, das jetzt, in der beginnenden Dunkelheit, einen verlassenen Eindruck machte.

Max fröstelte und er beobachtete das Schloss.

Kein Licht, nur über dem großen, massiven Eingangstor aus Holz brannte eine Lampe, die den Schlosshof äußerst spärlich beleuchtete.

Max sah, wie Pepi das Haus musterte. Auch er schaute noch genauer hin. Vielleicht fiel ihm ja ein Detail auf, das sein Freund übersah.

Die Fenster im Erdgeschoß waren vergittert, da kam man nicht so leicht hinein. Eines der halbhohen Kellerfenster sah so aus, als ob man es als Einstieg würde hernehmen können. Die Öffnung war nur mit Brettern verschlagen und es schien, als ob man durch dieses Fensterloch in früheren Jahren die Kohlen in den Keller geschaufelt habe.

Max konnte sich noch gut an die Zeiten erinnern, als vor der Knabenschule und den großen Geschäfts- und Amtshäusern am Zwieseler Stadtplatz im Herbst riesige Kohlehaufen lagen, die dann über eine Holzrutsche in die Keller geschaufelt wurden, und er hatte noch heute den beißenden Geruch des CO2 in der Nase, der untrennbar mit den schnee- und kältereichen Wintern seiner Kinderzeit verbunden war.

Das Schellen der Hausglocke aus Messing, an der Pepi heftig gezogen hatte, riss Max Esterl aus seinen Gedanken.

Es dauerte keine Minute, bis das Licht im Erdgeschoss brannte und keine drei Minuten, bis sich das Tor öffnete.

Max und Irmi zuckten erschrocken zurück, als ein riesiger Schäferhund auf sie zusprang. Sie entspannten sich erst, als sie sahen, dass der Hund an einer Leine zerrte, die ein völlig kahlköpfiger, untersetzter Mann im dunklen Anzug hielt.

Nur Pepi Holub hatte keine Schreckreaktion gezeigt.

Der Mann begrüßte die drei auf Tschechisch. Während Pepi antwortete, trat der Mann mit dem Hund zur Seite und machte so den Weg ins Haus frei.

Als sie im Hausgang standen, bat ihr Gegenüber um einen Moment Geduld. Er ließ den Hund draußen frei und schloss das Tor hinter ihnen.

Max hatte in der Zwischenzeit seinen Freund Pepi beobachtet: Dessen Miene hatte sich von dem Moment an verfinstert, als der Kahlkopf den Wachhund von der Leine gelassen hatte. Max kannte ihn inzwischen so gut, dass er merkte, dass etwas nicht in Ordnung war. Klar: Der Hund war das Problem. Mit dem mussten die Freunde vom Pepi fertig werden.

Aber dem Oberst a. D. blieb ja noch Zeit, seine Einbrecherfreunde zu warnen. Die Zwei warteten bestimmt schon auf Pepis Anruf. Da würden sie sich allerdings noch ein wenig gedulden müssen.

Der kahle Kastellan begrüßte die drei Freunde mit Handschlag und sagte „nejprve kšeft" auf Tschechisch, was Pepi, der Dolmetscher mit „erst kommt G´scheft" übersetzte.

Irmi und Max nickten und der Kopfrasierte sagte etwas, das Max als ein „ich geh´ voraus" interpretierte. Sie folgten dem Mann einen nur von einer provisorischen Funzel beleuchteten Gang entlang, der in eine Kellertreppe aus Stein mündete. Der Kahle deutete mit seiner Rechten auf seinen Kopf und auf Esterls Glatze, grinste und wies mit dem Zeigefinger auf die geringe Höhe des Kellerabgangs hin.

Irmi lachte, Pepi und Max zogen ihre Köpfe ein.

Im Keller war offenbar kein elektrisches Licht. Schon die Treppe war nicht beleuchtet und je tiefer sie hinunterstiegen, desto schummriger und kühler wurde es.

Ihr Führer hatte eine Stablampe hervorgezaubert, in deren Strahl sich die Drei hinter ihm die Steintreppe hinuntertasteten. Max Esterl ließ seine Finger nicht vom kalten eisernen Handlauf des Geländers, der ihm etwas Sicherheit gab.

Unten schloss ihr Führer umständlich eine schwere Tür auf.

Der Geruch nach Moder und Mäusedreck, den Max schon während ihres Abgangs über die Treppe in der Nase hatte, verstärkte sich. Irmi hüstelte.

Der Kegel der Lampe tastete sich an einer Wand aus Feldsteinen entlang, bis er an einer Truhe hängenblieb, deren Form und Aussehen Max bekannt vorkamen. Er hielt den Atem an.

Der Kegel wanderte weiter zu einer zweiten Truhe, einer dritten:

Der Gistlschatz mit dem Lötz-Glas!

Max Esterl spürte ein Kribbeln im Bauch.

Der kahle Glasverkäufer bat Pepi, die Lampe zu halten und machte sich daran, eine der Truhen zu öffnen und auszupacken. Vorsichtig entfernte er das Packpapier von den einzelnen Objekten.

Obwohl Max Esterl damals, kurz nach der Entdeckung, schon einen Teil des Glases gesehen hatte, musste er jetzt, als der Kahle ein Stück nach dem anderen auspackte, natürlich in die Aahs und Oohs einstimmen, die Irmi und Pepi von sich gaben. Diese Ausdrücke der Bewunderung waren, so schien es Max, nicht geheuchelt.

Jeder Mensch, der auch nur ein wenig Gespür für die kunstvolle Verschmelzung von Farbe und Form hatte, musste hier ins Schwärmen geraten.

Nicht anders erging es Irmi und Pepi. Dieser Teil ihres Auftritts war nicht gespielt, die Bewunderung für das Lötz-Glas war echt. Pepi hielt eine besonders schöne Vase ewig lang in seiner Hand, beleuchtete und betrachtete sie verzückt lächelnd von allen Seiten.

Max hatte den Verdacht, dass Pepi sie schon als seine spätere Belohnung ausgesucht hatte.

Nachdem ihnen der kahle Kastellan ausgesuchte Gläser aus allen drei Truhen gezeigt hatte, nahmen die drei „Käufer“ noch wahllos Stichproben. Man wollte ja keine Katze im Sack kaufen und die Gangster mussten natürlich überzeugt werden, dass sie es mit vielleicht etwas amateurhaften, aber doch ernst zu nehmenden Sammlern zu tun hatten.

Als Pepi dem Max die Stablampe in die Hand drückte, um Fotos mit seinem Handy zu machen, verschwand das Lächeln aus dem Gesicht des Kahlkopfs. Höflich, aber bestimmt machte er seinem tschechischen Landsmann klar, dass er das Fotografieren hier nicht duldete. Wenn der Kahle gewusst hätte, dass Pepi nicht vorgehabt hatte, die Truhen mit dem Glas zu fotografieren, sondern den ganzen Kellerraum und dessen vergitterte Fenster, um diese Fotos sofort an seine zwei Einbrecherkumpels zu schicken, hätte er sein Lächeln bestimmt nicht so schnell wiedergefunden…

Nachdem die Gläser gebührend bewundert und taxiert worden waren, geleitete sie ihr Führer die Kellertreppe aufwärts, dann noch ein Stück den Gang entlang bis zu einer weiteren, mit Teppichen belegten Treppe, die zum ersten Stock führte.

Der Tscheche geleitete seine Gäste in einen von Glaslüstern gedämpft beleuchteten Saal, in dem ein Kachelofen wohlige Wärme verbreitete und in dessen Mitte ein festlich gedeckter, kerzengeschmückter Tisch stand.

Max sah Irmi an, dass sie froh war, in einem gut geheizten Raum gelandet zu sein. Die halbe Stunde, die sie im kalten Keller verbracht hatten, war ihr bestimmt lang vorgekommen.

An einer Anrichte im Hintergrund hielt sich ein kräftiger junger Mann mit schwarzer Hose und weißem Kellnerjackett bereit, der so ausschaute, als würde er jeden Moment mit dem Servieren beginnen. Erst aber half der Kellner den Gästen auf Geheiß des Kahlkopfs aus ihren Mänteln.

Jetzt kam der Moment, an dem Josef Holub aufs Klo musste. Es war ausgemacht, dass Pepi unter einem Vorwand die Toilette aufsuchen würde, um von dort seinen Einbrecherfreunden per Handy entscheidende Hinweise auf den Ort zu geben, an dem die Truhen gelagert wurden.

Alles lief wie geplant:

Pepi sagte etwas auf Tschechisch zum Kahlkopf, der befahl dem Kellner, seinem Gast die Toilette zu zeigen und die beiden verschwanden.

Der Tscheche wies seinen zwei verbliebenen Gästen Plätze am Tisch zu, auf dem fünf Gedecke angerichtet waren: Zwei jeweils einander gegenüber, eines an der Stirnseite. Ganz besonders bemühte sich der Kahle dabei um Irmi.

„Kein Wunder!", dachte Max.

Die Irmi sah heute einfach großartig aus mit ihrem schwarzen Kleid und den roten Schuhen. Sie dankte dem Kahlkopf und beschied Max Esterl mit einer Geste ihrer Hand, sich auf den Platz neben ihrem zu setzen, so dass für Pepi nur der Platz auf der gegenüberliegenden Tischseite blieb.

Pepi schaute erst etwas verdutzt, als er von der Toilette kam. Aber so war es abgesprochen: Irmi und Max waren ein Paar und er war der Dolmetscher. Zum Zeichen dafür, dass er Kontakt zu seinen Einbrecherfreunden gehabt hatte, langte Pepi zwei Mal auffällig an die Brusttasche seiner Jacke, in der er das Handy aufbewahrte.

Irmi und Max verstanden. Jetzt kam es darauf an, die Aufmerksamkeit ihrer Gastgeber so auf sich zu lenken, dass die zwei Pepifreunde ihren Einbruch in Ruhe durchführen konnten.

Max schmunzelte innerlich: Die Irmi hatte die Aufmerksamkeit ihres Gastgebers schon mal auf sich gelenkt. Das sah er an den Blicken, mit denen der Tscheche Irmi ein ums andere Mal musterte.

Der Kastellan bat seine Gäste, sich zu setzen und der Kellner servierte einen Aperitif.

Das „Arbeitsessen" konnte beginnen. Aber es war ja noch für eine fünfte Person gedeckt.

Diese fünfte Person ließ nicht mehr lange auf sich warten.

Kaum hatten die drei Gäste an ihrem Sherry genippt, als sich auch schon die Saaltür öffnete und eine Frau hereinschwebte, deren Erscheinung ebenso aufsehenerregend war, wie die der Irmi. Aber was bei Irmi dezent aussah, war bei dieser Frau eine Spur zu dick aufgetragen. Sie trug eine rote Perücke, ihr Gesicht war eher blass geschminkt, ihre dunkelroten Lippen bildeten dazu einen starken Kontrast.

Die Gastgeberin, die der Glatzköpfige als seine Schwester, „moje sestra", vorstellte, trug, ebenso wie Irmi, ein schwarzes, ausgeschnittenes Kleid, aber ihr Ausschnitt ließ noch viel tiefer blicken als der von Irmi, und aus dem Ausschnitt schlängelte sich… ein roter Drache! Kruminale! Genau diese Tätowierung war Max Esterl schon Wochen zuvor ins Auge gestochen. So etwas vergaß Max nicht und diesmal musste er auch gar nicht lange in seinem Gedächtnis kramen:

Der rote Drache gehörte zur tschechischen Wirtin des Gistlsaals! Bei der Eröffnungsfeier schon hatte der Drachenschwanz in ihrem freizügigen Ausschnitt alle Männer und natürlich auch den Max fasziniert. Diesmal sah Max noch fünf Zentimeter mehr vom Drachenschwanz als damals!

Max duckte sich unwillkürlich. Ob ihn die Gistlwirtin erkennen würde? Das wäre eine Katastrophe! Andererseits: Er war bei der Eröffnung ein Gast unter Hunderten gewesen. Er war, außer mit dem Gesangverein, nicht in Erscheinung getreten, und während ihres Auftritts hatte die Wirtin mit dem Getränkeausschank bestimmt alle Hände voll zu tun gehabt.

Max hob seinen Kopf wieder und blickte der Dame, die tatsächlich als die Schlossherrin vorgestellt wurde, ins überschminkte Gesicht.

Max konnte kein Zeichen der Überraschung oder des Erkennens darin sehen. Puh! Max mochte sich nicht ausdenken, was passiert wäre, wenn der Partner der Gistlwirtin, der Tätowierte mit dem Pferdeschwanzerl, dabei gewesen wäre. Der hätte ihn mit Sicherheit erkannt.

Aber er wusste natürlich in dem Moment auch, dass der Fall im Prinzip aufgeklärt war. Früher, in seiner aktiven Zeit, hätte das gereicht, und er hätte den Fall zu den Akten legen können: Täter ermittelt. Ab hinter Gitter!

Jetzt aber fing die Geschichte für ihn eigentlich erst an. Wer der oder die Täter waren, konnte ihnen vollkommen egal sein. Es ging diesmal nicht darum, die Verbrecher zur Verantwortung zu ziehen. Kruminale! Es ging nur um das Glas! Lötz-Glas für Frauenau!

Der Kellner servierte die Suppe. Klar, eine Suppe gehörte für einen Tschechen substantiell zum Essen.

Kuttelflecksuppe, konstatierte Max nach dem ersten Löffel.

Eine wunderbare Suppe, die in Deutschland leider von den Speisekarten völlig verschwunden war. Seine Oma, die aus einer Metzgerei stammte, hatte die Zubereitung dieser Delikatesse noch verstanden. Die Suppe musste sämig und die Kutteln durften nicht allzu sehr durchgekocht sein: Sie wollten zerbissen werden. Max glaubte, Zwiebeln, einen Hauch Knoblauch, Majoran und Petersilie zu schmecken.

Nirgendwo in den „Nose to tail"-Gourmettempeln Deutschlands und Österreichs hatte er je eine Kuttelflecksuppe entdeckt, obwohl diese sich doch groß auf ihre Fahnen geschrieben hatten, dass sie alles von einem Schlachttier verwerten würden. Die Werbung war eben das Eine, die Realität das Andere.

Die tschechischen Schlossbesitzer gaben sich alle Mühe, um ein gutes, ein verkaufsförderndes Klima zu erzeugen.

Auch Pepi schien die Suppe zu schmecken, ganz dezent hörbar saugte er die Kutteln mit Genuss vom Löffel.

Max hätte selig sein können, wenn die Situation eine andere gewesen wäre.

Er war so hingerissen, dass er fast nicht gemerkt hätte, dass draußen im Schlosspark ein heftiges, immer wieder von einem bösartigen, sich gefährlich anzuhörenden Knurren unterbrochenes, nicht enden wollendes Hundegebell begonnen hatte.

Alle fünf Esser saßen stumm da, hielten ihre Löffel in der Hand und lauschten den fürchterlich und bedrohlich klingenden Lauten. Drei von den sechs Personen konnten sich einen Reim auf die Geräusche machen. Ihre fragenden Blicke trafen sich. Pepi zuckte leicht mit den Achseln, legte aber seinen Löffel weg, noch ehe er den Teller geleert hatte. Das interpretierte Max als Zeichen großer Beunruhigung. Den drei Freunden wurde immer unwohler, weil sie sich einerseits denken konnten, warum der Hund so heftig anschlug, weil sie aber andererseits merkten, dass ihr Vorhaben in größter Gefahr war.

Was wäre los, wenn die Einbrecher entdeckt wurden?

Würden die Schlossherren einen Zusammenhang herstellen zwischen ihrem Besuch und dem Einbruch? Das war naheliegend.

Max Esterl war unbewaffnet, er wusste aber, dass Pepi eine Pistole bei sich hatte. Bei ihren drei Gastgebern jedoch vermutete Max ein ganzes Arsenal von Waffen. Dagegen würden sie keine Chance haben.

Als das schauerlich klingende Gebell kein Ende nahm, legte der Tscheche energisch den Löffel weg, erhob sich vom Tisch, lief zum Fenster, öffnete es und schrie dem bellenden Schäferhund einen scharfen Befehl hinunter. Der Hund knurrte und heulte noch ein, zwei Mal, sein Herr verschärfte seinen Ton nochmals … und dann war es still.

Der Kahlkopf schloss das Fenster mit einem heftigen Ruck und kehrte zum Tisch zurück. In zufriedenem Ton machte er eine Bemerkung an die Adresse von Pepi.

Der übersetzte: „Hund jagt immr Hasen in Schlosspark. Abr jetzt wird Ruhe gäbän."

Zum Glück hatte Max seine Suppe schon aufgegessen. Den anderen war sie inzwischen kalt geworden.

Auf einen Wink des Chefs servierte der Kellner ab.

Danach wurden Getränke angeboten. Irmi wählte Wasser, Pepi bevorzugte Pilsener, Max wünschte sich ein Klostermann-Bier von der Strakonitzer Brauerei. Das war er seinem Lieblingsautor schuldig.

Max erwartete, dass jetzt, nachdem die Getränke serviert waren, der geschäftliche Teil der Veranstaltung begann. Die Glasverkäufer wollten erst einmal Eindruck machen. Das war ihnen gelungen.

Und nun würden sie Geld machen wollen.

Jetzt waren Irmi und Max gefordert. Die Verhandlungen begannen.

Sollten beginnen.

Wieder war ein lang anhaltendes Bellen und Knurren des Wachhundes zu hören und wieder lief der Tscheche nach einiger Zeit zum Fenster. Diesmal aber konnte er den Schäferhund aus der Distanz nicht beruhigen, obwohl seine Befehle immer schärfer klangen.

Max schwante Übles. Hoffentlich konnten Pepis Einbrecherfreunde ihren Auftrag durchführen.

Allerdings: Solange der Wachhund bellte, hatte er noch nicht gebissen.

Der Chef knallte das Fenster zu, sprach ein paar Worte der Entschuldigung und stürmte aus dem Speisesaal.

Pepi übersetzte. Ihr Gastgeber würde versuchen, den Hund zu beruhigen und ihn notfalls wegsperren. Die Spannung, die durch die erneute Aktion des kahlen Hundebesitzers hervorgerufen war, wurde immer spürbarer.

Seine Fantasie spielte Max Esterl einen ganzen Film in sein Hirnkastl:

Pepis Einbrecherfreunde wurden vom Hund zerfleischt, der ihnen mit seinen Reißzähnen große Fleischbrocken aus den Wadln biss und in seiner Raserei auch von seinem kahlen Herrn nicht zu stoppen war. Und dann ließ der die Bestie auch auf seine drei Gäste los!

Der Hunger und die Vorfreude auf die nächste kulinarische Köstlichkeit waren dem Ex-Kommissar einigermaßen vergangen, und er sah an den Gesichtern der zwei anderen, dass es ihnen genauso ging.

Die Gistlwirtin versuchte, ein Gespräch in Gang zu bringen, aber so tüchtig, wie Max Esterl sie beim Ausschenken am Tresen im Gistl erlebt hatte, war sie hierin nicht.

Ihre Gäste folgten den Worten ihrer Gastgeberin nur mit einem Ohr. Mit dem anderen hörten sie auf die Geräusche, die gedämpft von draußen hereinklangen.

Das Gebell wollte schier nicht enden, die immer lauter werdenden Befehle des Kahlkopfs schienen nichts auszurichten.

Das ziemlich einseitige Gespräch drehte sich ums Essen, ums Wetter, um Belanglosigkeiten. Zum Glas wollte, konnte oder durfte die Gastgeberin offenbar nichts sagen, das Thema war Chefsache.

Max wiederum hätte sie gerne in eine Unterhaltung über das Gistl verwickelt. Aber das war natürlich unmöglich. Die attraktive Gistlwirtin hätte sofort Verdacht geschöpft über den Grund ihres Besuchs.

Gerade als die Konversation der vier Zurückgebliebenen vollends ins Stocken geriet, öffnete sich die Saaltür und ihr Gastgeber kam herein.

„Er weiß nicht, was Hund hat“, übersetzte Pepi seine Erklärung. „Hat ihn jetzt eingesperrt in…in…in Gefängnis fir Hundä.“

„Hundezwinger“, korrigierte Irmi, aber da hatte der Schlossherr dem Kellner schon den Auftrag zum Servieren gegeben.

„Entenbrust“, übersetzte Pepi Holub, der jetzt, da der Hund im Zwinger war, beruhigt schien. „Mit bähmisch Knedl und Zeli, äh Kraut. Abr nix sauräs, sondern rotäs Kraut.“

„Aha, Blaukraut“, präzisierte Max.

„Fier uns Tschechän is rot, fier Bayern is blau. Wenn hintän rauskommt hat iberall gleiche Farbe, bei Tschechän wie Bayern, haha!“

Pepi bekam für seinen ordinären Witz von Irmi einen kräftigen Fußtritt unter dem Tisch. Die zwei tschechischen Gastgeber hatten zum Glück nichts verstanden und die Unterhaltung ging weiter, bis die Tischgesellschaft erschöpft und satt die Bestecke auf die Teller legte und sich mit den edlen Stoffservietten das Blaue von den Lippen tupfte. Die Tschechen tupften natürlich das Rote.

Bevor die Nachspeise serviert wurde, gab es noch ein Schnapserl. „Borovička“, kündigte der Gastgeber an, „schwarze Bäre weiß nicht wie heißt“ übersetzte Pepi. „Wacholder“, ergänzte Irmi.

Mit den Gläsern in der Hand verhandelte es sich besser.

Endlich begann der Schlossherr mit den Verhandlungen über den Preis und die Übergabebedingungen für das Glas. Jetzt hieß es konzentriert zu verhandeln, Interesse vorzutäuschen, glaubwürdig zu sein.

Irmi, so war ausgemacht, sollte die Rolle der verwöhnten Gattin des begüterten Max spielen, die scharf auf das Glas war, obwohl sie nicht besonders viel davon verstand. Sie ließ immer wieder durchscheinen, dass sie das Glas unbedingt in ihren Besitz bringen wollte.

Max aber spielte den, der in Wirklichkeit auf dem Geld saß. Er wollte seiner „Gattin“ den Wunsch erfüllen, aber nicht um jeden Preis.

Max ließ keinen Zweifel daran, dass er wusste, woher der Glasschatz stammte und warum sie hier in aller Heimlichkeit auf diesem böhmischen Schloss verhandelten. Schließlich hatte die Nachricht vom Diebstahl ja in allen Zeitungen gestanden.

Der Schlossbesitzer machte sich keine Mühe, zu leugnen.

Das Hauptargument von Max war deshalb, dass die Gläser ja Diebesgut waren, und folglich gar nicht öffentlich präsentiert werden konnten.

Als der Schlossherr einwandte, dass keine Fotos vom Diebesgut existierten und die Registrierung in der Gemeinde Frauenau kaum Beweiskraft haben konnte, hielt Max ganz professionell dagegen. Kein vernünftiger Mensch würde es darauf ankommen lassen, dass es wegen der Glasobjekte zu einem Rechtsstreit komme.

„Wer sagt mir denn, dass von dem einen oder anderen Objekt nicht doch ein Foto gemacht wurde? Auch wenn nur vier oder fünf Teile des Glasschatzes identifiziert werden können, wird die Polizei nicht zögern, alles zu beschlagnahmen.“

Knallhart ließ Max den Schlossherren abblitzen, als dieser seine erste Verkaufssumme nannte.

Der Tscheche erwies sich ebenfalls als Profi und ließ sich durch Max Esterl nicht beirren. Er machte ein weiteres, kaum niedrigeres Angebot.

Max schüttelte den Kopf.

Jetzt kam der Auftritt der Irmi.

Sie hatte schon während der Verhandlungen ihren Arm um Max gelegt, hatte sich an ihn geschmiegt und sich so verhalten, wie sich eben jemand verhielt, der dem anderen schmeicheln und ihn beeinflussen wollte.

Immer wieder hatte sie ihrem Partner ein Bussl auf Hals oder Wange gedrückt, hatte ihm mit Kosenamen geschmeichelt, von denen „Schatzi" noch der harmloseste war. Erst war Max diese Schmierenkomödie peinlich, aber dann, als er sah, wie der Pepi immer fuchtiger und die Irmi immer intimer wurde, begann ihn die Show zu amüsieren.

Zu sehr allerdings durfte er den Verführungskünsten der Irmi nicht verfallen. Seine Rolle schrieb vor, dass die Verhandlungen für dieses Mal scheitern mussten. Es durfte zu keiner Übergabe des Diebesguts kommen, sonst hätten ja die Gistldiebe gemerkt, dass das Glas inzwischen von der Pepibande zurückgestohlen war und dann hätten sie eins und eins zusammengezählt und dann…

Max Esterl mochte sich gar nicht ausmalen, was dann mit ihnen passieren würde.

Er musste die Glasdiebe hinhalten und ein weiteres Treffen vereinbaren

Wenn die Pepibande die Truhen inzwischen überhaupt gestohlen hatte! Kruminale! Der Hund hatte seit vorhin keinen Laut mehr von sich gegeben.

War das ein gutes oder ein schlechtes Zeichen?

Max spielte den Geizigen. Er wehrte Irmis nächsten Schmuseversuch ab, was Pepis Miene erhellte und Irmi schmollen ließ, bot eine zwar etwas höhere, aber dennoch für den Schlossherren immer noch indiskutabel niedrige Summe, zog kalt lächelnd Bilanz und ließ Pepi übersetzen:

Es sei ihm eine Freude gewesen, in so angenehmer Gesellschaft an so einem schönen Ort zu speisen. Er werde sich nochmals nach den Möglichkeiten und Risiken erkundigen müssen, die ein Kauf mit sich bringen würde. Er bitte die Verkäufer, ihm noch eine Frist von acht Tagen einzuräumen, bevor sie die Ware an andere verkauften. Zu den nächsten Verhandlungen werde allerdings seine Gattin alleine kommen, er selber sei in den nächsten zwei Wochen auf einer unaufschiebbaren Geschäftsreise.

Beim vorletzten Wort stockte der Dolmetscher und fragte bei Max zurück.

„Was fier Kscheftreise?"

„Unaufschiebbar! Das heißt, ich kann nicht mitkommen, weil ich einen anderen Termin habe."

Pepi übersetzte und der Kahle schien zufrieden.

Beim Dessert, es gab wunderbare Liwanzen mit Zimtzucker, Powidl und Schlagrahm, war die Stimmung aufgeräumt. Die Gistldiebe ließen sich ihre Enttäuschung nicht anmerken und die drei Freunde waren doch froh, dass das Theater bald ein Ende haben würde und sie heimfahren konnten.

Und sie waren gespannt darauf, ob die Pepibande erfolgreich gewesen war.

Ihr Treffpunkt war das Rote Herz in Železná Ruda.

Während der Fahrt dorthin durch den schon im tiefen Schlaf liegenden Böhmerwald sagte keiner ein Wort. Zu sehr hingen sie alle noch ihren Gedanken nach.

An das Schloss, an ihre Gastgeber, das Essen, die Verhandlungen und schließlich an den sich wie rasend gebärdenden Schäferhund und natürlich besonders an die Pepibande. Hatte sie Erfolg gehabt?

Schon zwei Mal hatte Pepi versucht, sie mit seinem Handy zu erreichen – vergebens.

23. Kap.: Plan B

Als sie in Železná Ruda beim Roten Herz ankamen, stand der Wagen der Pepibande schon auf dem Parkplatz.

Gespannt traten die drei Freunde in den Gast- und Kontaktraum des Bordellbetriebs, der wie eine kleine Bar eingerichtet war.

Alles Mögliche hatten die Drei erwartet, nur nicht das, was sie jetzt vorfanden:

Die stellvertretende Geschäftsleiterin, eine etwas untersetzte, resolute Mittvierzigerin, stand hinter dem Tresen und zapfte Bier. Zwei Glas.

Die Adressaten der zwei Bier saßen, nein flackten auf einem Sofa, vor sich ein Tischchen, das über und über mit Schnaps- und Biergläsern bedeckt war, zwischen sich eine schwarzhaarige, sehr dürftig bekleidete Angestellte, die sie abwechselnd bearbeiteten.

Als der Eine aufschaute, um nach dem Bier zu rufen, sah er genau dem Pepi Holub ins Gesicht.

Er reagierte, als ob er eine Erscheinung sehen würde:

„Jeschusch Maria – Pan Holub?!"

Max Esterl brauchte keine Erklärungen, um zu wissen, was hier los war.

Das hier war kein Freudenbesäufnis, weil die Aktion gelungen war. Kruminale!

Das hier war ein Frusttrinken. „Schwoimas owe", sagte der Waidler, wenn er eine Niederlage schön trinken wollte.

Die Pepibande hatte, wie sich nach und nach herausstellte, Grund zum Schlucken. Die Dame zwischen den beiden entfernte sich auf einen Wink von Irmi, und auch die Stellvertreterin räumte ihren Platz hinter der Theke. Sonst befand sich kein Gast im Raum. Das, was hier zu besprechen war, ging auch keinen was an.

Pepi übersetzte den zunächst stockenden, nur hin und da von einer Frage unterbrochenen Monolog des Einen, der sich noch am besten artikulieren konnte.

Zuerst hatte, so berichtete dieser, ihre Aktion ganz gut begonnen. Die telefonischen Hinweise vom Pepi waren hilfreich gewesen, sie hatten das Schlupfloch hinein in den Keller entdeckt und waren gerade auf dem Weg dorthin, als das Monster auftauchte und sie verfolgte.

Anklagend blickte der Dieb auf seinen Auftraggeber, deutete mit seinem Zeigefinger in dessen Richtung und stieß weinerliche Worte hervor, die wie eine Beschuldigung oder wie eine Klage klangen.

Immer wieder schüttelte Josef Holub seinen Kopf, er machte den beiden Dieben Vorwürfe, debattierte mit ihnen, bis er endlich resigniert von ihnen abließ und Irmi bat, ihm ein großes Bier einzuschenken.

Dann stellte er sich mit Max zu Irmi an die Theke und fasste die Situation zusammen.

Die Pepibande beklage sich bitter, denn er, Oberst Holub, hätte sie warnen müssen. Vor dem Hund, dem Monster, der den Einen von ihnen, der inzwischen schon dabei war, seinen Rausch auszuschlafen, verfolgt habe, so dass sich dieser nur durch einen halsbrecherischen Sprung über die Schlossmauer habe retten können.

Beim zweiten Versuch seien sie auch nicht weiter gekommen. Der schlafende Kumpel sei völlig fertig. Der habe sowieso schon ewig eine panische Furcht vor Hunden, geradezu eine Hundephobie. Das werde sich nun bestimmt verschlimmern.

Oberst Holub sah ein, dass hier im Moment nichts mehr zu machen war. Er bat Irmi, die Dame zu holen, mit der die zwei vorher beschäftigt waren. Die sollte sie auf ihr Zimmer bringen und dort ausnüchtern lassen, bis sie wieder fahrtüchtig waren. Er würde für alle Kosten aufkommen, „auch für Sonderservice".

Pepi wandte sich an Max: „Späsän werden hehär."

„Schreib´s auf."

Später dann, nach dem ersten Bier, gestand Pepi, dass der Reinfall seine Schuld war. Er hätte das mit dem Hund am Telefon erwähnen müssen. Auch er werde langsam alt und auch sein Gehirn funktioniere nicht mehr so gut wie früher. Er habe gedacht, der eine von den beiden sei der „Hundeflüsterer".

„Hundeflüsterer?", echote Max.

Normalerweise, so der Oberst, arbeitete die Pepibande zu dritt und einer von ihnen habe die phänomenale Begabung, mit allen Hunden sofort Freund zu sein, auch mit den schärfsten. Deshalb auch sein Name: Hundeflüsterer. „Wie der brave Soldat Schwejk, Maxe. Du kennst?"

Natürlich kannte Max den Schwejk. Schon mit vierzehn Jahren hatte er über dessen Abenteuer gelacht, später dann, als er zu begreifen begann, was für eine Figur der Jaroslav Hašek da geschaffen hatte, schmunzelte er höchstens noch über diese bittere Satire.

Sein Fehler, so gestand Pepi, sei es gewesen, dass er angenommen habe, der Hundeflüsterer sei derjenige, der die Hundephobie habe.

„Bin ich so groß Idiot, Maxe. Kennt ich mich´s beißen ins Arsch. Wie kann ich vrwächsln? Bei erstä Kontakt mit Hund hab ichs gädacht neni Probläm. Hundeflistärär wird schon fertig mit Hunderl. Wie Schwejk.

Abr hab vrwächslt: Hundeflistärär mit Hundefobistän!“

Max Esterl versuchte seinen Freund zu beruhigen. Eigentlich aber war er, der Max beruhigt: Nicht nur ihm passierten immer häufiger solche Sachen. Auch dem Pepi ging es so. Er legte dem Freund die Hand um die Schulter und prostete ihm zu.

Gleich danach rief er Eva an. Sie solle sich keine Sorgen machen, in einer halben Stunde sei er daheim.

Auf dem Nachhauseweg repetierte Max, was er mit Pepi und Irmi noch kurz besprochen hatte.

Sie mussten jetzt wohl doch den Termin wahrnehmen, den Irmi mit dem Kahlkopf am Schluss ihrer Besprechung vereinbart hatte.

Mit Pepi als Dolmetscher.

Mit der um den Hundeflüsterer erweiterten Pepibande.

Und mit Max als Schmieresteher!

Seiner Eva schilderte Max ihr kleines Abenteuer als ziemlich harmlos. Er erzählte begeistert von der großartigen Kuttelflecksuppe und den Liwanzen.

Den durch den Hund vereitelten Einbruchsversuch der Pepibande erwähnte er nur ganz am Rande.

Er wusste ja, dass bald ein zweiter Versuch starten würde und er wollte nicht, dass Eva sich unnötig Gedanken machte.

Auch dem Bürgermeister erzählte Max Esterl nichts von ihrem gescheiterten ersten Versuch. Er wollte sich nicht rechtfertigen müssen und den Bürgermeister nicht in noch größere Sorgen stürzen, als dieser eh schon hatte.

Erst dann, wenn er mit drei Truhen vor dem Rathaus stand, würde er sich beim Bürgermeister melden.

24. Kap.: Das Jubeljahr. Auf geht's!

In den nächsten Tagen konzentrierte sich das ganze Dorf Frauenau auf das bevorstehende Jubeljahr 2024, und der Bürgermeister hatte vor lauter Sitzungen und Vorbereitungen gar keine Zeit, allzu oft nach dem Glasschatz zu fragen.

Max hatte ihm vom Scheitern ihres Unternehmens noch nicht berichtet, und der Bürgermeister wollte offenbar auch gar nichts über den Stand der Dinge wissen.

Auch über den Glasdiebstahl wurde mittlerweile geschwiegen.

Von den Medien wurde geschwiegen, weil es nichts Neues zu berichten gab.

Und der Bürgermeister schwieg, weil er ein schlechtes Gewissen hatte.

Wenn die Maßnahmen zur Wiederbeschaffung des Glasschatzes fehlschlugen und bekannt wurde, dass das Oberhaupt einer Bayerischen Gemeinde hinter einer so dubiosen Aktion im Nachbarland stand, dann konnte er seinen Hut nehmen. Die Opposition würde so laut und so lange schreien, bis er gehen musste.

Überhaupt musste man sich eine Story zurechtlegen, selbst wenn die nächste Aktion erfolgreich war.

So ein Einbruch war ja eigentlich doch eine Straftat, auch wenn die Motive edel waren: Die eine Straftat konnte nicht getilgt werden, indem man eine andere beging.

Andererseits gab es in der Geschichte genug Beispiele, bei denen hinterher keiner mehr fragte, ob eine Sache rechtens war.

Das harmloseste Beispiel, das Max Esterl einfiel, hatte sich in seiner Heimat abgespielt:

Wer hatte Anklage erhoben, als ein Räumkommando der Stadt Regen nach dem Krieg ihr von der amerikanischen Besatzungsmacht in die rivalisierende Nachbarstadt Zwiesel verlegtes Landratsamt bei Nacht und Nebel illegal wieder zurückholte?

Im Gegenteil: Die Einbrecher wurden zu Volkshelden und die Regener brüsteten sich noch heute ihrer Tat.

Sehr viel gravierender waren da schon die Fälle aus der Gegenwart, von denen Max in der letzten Zeit immer wieder gelesen hatte:

Wer hatte die Leute angeklagt, die Unmengen von wertvollstem Trinkwasser aus den Tiefenreserven pumpten, um es billig, aber mit Höchstgewinn in den Supermärkten zu verscherbeln. Die Aktionäre strichen ihre Dividenden ohne Gewissensbisse ein.

Und schließlich das Beispiel mit den schlimmsten Folgen:

Wer hatte dem Putin auf die Finger geklopft, als er vor Jahren die Krim und den Donbas zu Unrecht annektiert hatte? Alle waren sie hinter seinem billigen Gas her gewesen und keiner hatte auf dem Schirm gehabt, was dann noch folgte. Viel zu spät, als er die Ukraine schließlich mit Krieg überzog, erwachte das restliche Europa.

Dagegen war ihre Tat ein Klacks!

Wenn alles richtig gelaufen war, dann konnte man sich immer noch gut positionieren.

Nein, vorerst durfte sich der Bürgermeister da nicht hineinziehen lassen.

***

Max Esterl allerdings dauerte das Schweigen des Bürgermeisters doch ein wenig zu lange. Er rief im Rathaus an, um sich zu erkundigen. Schon vor einiger Zeit hatte Franz Bredl ihm seine Durchwahlnummer gegeben.

„Bist du am Apparat, Franz? Griasde."

Max kam ohne Umschweife zum Thema:

„Die Spesen sind gestiegen, Franz, wir müssen Extramaßnahmen treffen, durch die sich unsere Ausgaben praktisch verdoppeln. Können wir damit rechnen, dass unsere Außenstände gedeckt werden?"

Max hatte diese Frage stellen müssen. Nicht dass er am Schluss auf den Schulden sitzen blieb.

Der Bürgermeister zögerte nicht:

„Einen Tausender kannst du sofort haben, Max. Den zahl ich aus meiner eigenen Tasche. Quasi als Lehrgeld. Die Mehrkosten allerdings werden erst bei Erfolg bezahlt, Max. Mein Wort drauf. Aber nur bei Erfolg! Wenn ich die Truhen mit dem Glas vor mir sehe."

„Ganz so einfach ist das nicht, Franz."

Der Ex-Kommissar wollte dem Bürgermeister schildern, welchen Schwierigkeiten und Gefahren sein Team bei der Wiederbeschaffung der Truhen ausgesetzt war.

Aber Franz Bredl wollte das alles gar nicht wissen. Er wollte offensichtlich nichts damit zu tun haben. Das verstand Max Esterl sogar. Es genügte, wenn einer seinen Kopf hinhielt.

Andererseits: Ganz wohl war ihm schon von Anfang an nicht gewesen bei der Sache. Und jetzt wurde die Geschichte noch um ein Stück schwieriger.

„Das wird aber wirklich Einiges an Spesen kosten, Franz!"

„Ich hab schon gesagt: Was es kostet, das kostet es. Bei Erfolg!"

Der Bürgermeister wechselte das Thema:

„Kommst du zu unserer ersten Veranstaltung im Jubeljahr?"

„Was ist die erste Veranstaltung?“

„Der Pfarrball. In drei Wochen.

Zum Weiberball eine Woche vorher wirst du ja nicht hingehen wollen. Und dann, am Faschingssamstag ist die Rauhnacht. Ich hab´ eine Idee! Max, wenn bis dahin das Glas wohlbehalten im Glasmuseum steht, dann gebe ich bei der Rauhnacht einen aus:

Du und Eva, und meinetwegen auch alle deine tschechischen Helfer: Zechfrei die ganze Nacht! Da lassmas tuschn, Max!“

Die Rauhnacht, das wilde Maskenspektakel in Frauenau hatte Max Esterl bisher nur einmal besucht.(Siehe M. E. und die Schilderspaxer!).

Sofort fiel Max eine Maskierung für sich und seine Gruppe ein:

Diesmal würde er, wenn alles gut ginge, mit seinen Freunden als bayerisch-tschechische Schmugglerbande verkleidet gehen. Das kam der Wahrheit ziemlich nahe, fand Max und lächelte.

„Servus, Franz. Deine Einladung nehme ich an. Das kostet dich was!“

25. Kap.: Der Hundeflüsterer

Das neue Jahr war noch keine drei Wochen alt, als Pepi anrief und mit Max das geplante Vorgehen beim neuen Verhandlungstermin besprach.

Diesmal sollte, wie vorher abgesprochen, Max Esterl nicht im Schloss mit dabei sein. Seine neue Aufgabe war, die Pepibande bei ihrem Einbruch ins Schloss abzusichern und irgendwie den Kontakt zu Irmi und Pepi zu halten, die erneut zum Abendessen eingeladen waren.

„Wir haben´s Innendienst in Schloss und du bist Außendienst, Max", hatte Pepi zu Max gesagt, „und wir lassen Handy an. Dann kannst du herän, was wir sprechän. Wie ins Theater. Und wenn gefährlich wird, kannst warnen."

Max überlegte. Das mit der Handyverbindung war schon in Ordnung. Er konnte den beiden eine Warnung schicken, auch wenn das Handy stumm geschaltet war. Aber wenn der Pepi Tschechisch mit seinen „Geschäftspartnern" sprach, dann konnte er ja fast nichts verstehen. Kruminale!

„Pepi, du musst unbedingt wieder jedes Wort übersetzen. Für die Irmi. Dann verstehe ich auch alles. Aber keine falsche Silbe, die uns verraten könnte! Wer weiß, ob die Schlossdame nicht doch ganz gut Deutsch kann."

In drei Tagen würde es so weit sein, verriet Pepi seinem Freund noch, bevor er das Gespräch mit einem „Ciao-Ciao" beendete. Sie würden sich wieder bei der Irmi im Roten Herz treffen und vorher noch alles durchsprechen. Max solle mit den drei anderen, den Tschechen fahren. Der Hundeflüsterer spreche ganz gut Deutsch, der würde Max dann einweisen. Als Wachposten müsse er natürlich auch zu dieser Gruppe Kontakt halten.

Max hatte sich das Schmierestehen etwas ruhiger vorgestellt. Zu zwei Gruppen gleichzeitig Kontakt halten!

Da würde er ja glatt zwei Handys brauchen!

Dabei war Max Esterl schon das eine Handy, das er besaß, lästig. Er wollte nicht immer und jederzeit erreichbar sein. Die ständige Rufbereitschaft hatte er stets als den größten Nachteil seines Polizistenberufs empfunden. Sein Handy war für Max ein Instrument für Ausnahmefälle, nicht zum täglichen Gebrauch.

Max ging zu Eva, die in ihrem Lesezimmer Deutschschulaufgaben korrigierte.

Ihr Lesezimmer war Evas Arbeits- und Rückzugsraum. Sie schaute fragend auf, als Max durch die Tür trat.

„Gibt´s was?"

Max setzte sich auf das Lesesofa, dessen eine Hälfte Eva momentan als Ablage für die bereits korrigierten Schulaufgaben diente.

„Dauert´s länger?"

„Wie kommst du darauf?"

„Weil du dich setzt."

„Das hängt von dir ab, ob es länger dauert."

Max beschloss, nicht ewig um den heißen Brei herumzureden:

„I brauch…brauchad…dei Handy."

„Mein Handy? Sag mal, Max", Eva machte die Scheibenwischerbewegung, „stimmt irgendwas nicht mit dir? Du hast ein Handy, das du aber so gut wie nie einschaltest. Und jetzt brauchst du ein zweites? Das gibt es doch nicht, Max Esterl! Hast du dein Handy verloren?"

Die Augen von Eva verengten sich.

„Oder hast du wieder was vor? Hat dir euer erfolgloser Böhmentrip kürzlich nicht gereicht?“

Evas Miene wurde ernst.

„Max, das was ihr zwei, der Pepi und du da offensichtlich vorhabt, das ist eine Riesendummheit! Und gefährlich obendrein!“

In Max Esterl regte sich Widerspruch. Eine Dummheit mochte ihre Aktion schon sein, aber gefährlich?

***

Drei Tage später fuhr Max Esterl am späten Nachmittag mit gemischten Gefühlen und zwei Handys ins Rote Herz nach Železná Ruda.

Es war für ihn nicht leicht gewesen, sich nochmals die Vorwürfe und Einwände seiner Frau anzuhören, die, so musste er innerlich zugeben, eigentlich alle berechtigt waren.

Natürlich war es nicht seine Aufgabe, das Glas wiederzubeschaffen.

Aber wer hätte es sonst gemacht?

Sollte man die wertvollen Stücke den Dieben überlassen oder dem Tschechischen Staat?

Natürlich war so ein Einbruch gefährlich.

Aber für die anderen, für die Irmi und den Pepi und besonders für die drei Einbrecher war die Gefahr ungemein größer als für Max, der im Auto Schmiere sitzen sollte und dessen größte Leistung wohl darin bestand, dass er mit zwei Handys gleichzeitig umgehen musste.

Dass Eva sich dieses Mal sehr um ihn sorgte, wurde Max erst richtig klar, als sie ihn im Hausgang noch innig umarmte und ihm ein Kreuzl auf die Stirn machte. An seiner feuchten Stirn erkannte Max, dass da wahrscheinlich sogar Weihwasser im Spiel war.

Wenn sie zu solchen Mitteln griff, dann musste Eva schon in äußerster Sorge um ihn sein.

Kruminale! Dann würde es doch nicht so einfach werden!

Max Esterl wusste, dass seine Frau ein Gespür für solche Dinge hatte und dass ihre Gefühle selten trogen.

Als er über die Grenze fuhr, merkte Max, dass er doch schon ein wenig nervös zu werden begann.

Im Roten Herz, das um diese Nachmittagsstunde natürlich noch verwaist war, wurde Max Esterl schon von seinen Mitstreitern erwartet.

Pepi saß am einzigen etwas größeren Tisch mit seinen früheren Knastkunden.

Zwei von ihnen kannte Max ja noch von ihrem letzten, vergeblichen Fischzug, der dritte, ein dürres Manderl, wurde ihm als Honza, der „Hundeflüsterer" vorgestellt.

Pepi Holub repetierte nochmals ihren Plan, Max tauschte mit der Pepibande die Daten für das Handy von Eva, die Daten von Pepi hatte er auf seinem eigenen Handy gespeichert. Einer der zwei Einbrecher, die das letzte Mal schon dabei gewesen waren, würde das Handy eingeschaltet bei sich tragen, sodass Max ständig informiert sein würde. Der Einbrecher selber hatte einen Empfänger im Ohr, sodass Max ihn notfalls warnen konnte

„Pozor! Vorsicht!" und „Zmizni! Abhauen!", soviel konnte Max auf Tschechisch und mehr brauchte es eigentlich nicht.

Auch Pepi hatte einen Knopf im Ohr, der so winzig war, dass man ihn überhaupt nicht sehen konnte.

Die Tschechen, so stellte Max fest, waren hervorragend ausgerüstet. So etwas hatte es zu seiner Zeit noch nicht gegeben. Zumindest nicht in dieser Perfektion.

Als er die Telefonnummern eingab, merkte Max Esterl, dass seine Finger dabei zitterten.

War er nicht doch schon zu alt für solche Abenteuer?

Seine Zweifel wurden noch größer, als sein Freund Pepi ihm eine Pistole in die Hand drückte.

„Zur Sichrkeit!“

Dann kam auch schon Irmi die Treppe herunter, die sich erneut äußerst attraktiv ausstaffiert hatte, die über das ganze Gesicht strahlte und der die Nummer Spaß zu machen schien.

Ihre zwei Autos, Pepis seriöse Limousine und der Pickup der Einbrecher, standen auf dem Parkplatz hinter dem Roten Herz.

***

Auch während der Fahrt durch den Böhmerwald zum Schloss konnte der Ex-Kommissar seine Nervosität nicht abstreifen. Er saß im großen Pickup der Pepibande, die etwas später gestartet war als ihr Namensgeber. Die drei Tschechen unterhielten sich so zwanglos, als ginge es zu einem Rockkonzert oder einem Fußballspiel und nicht zu einem Einbruch unter besonders schwierigen Bedingungen.

Gut, das waren Profis.

Aber er, Max, war ja ebenfalls einmal ein Profi gewesen, wenn auch bei einem anderen Verein als die Pepibande. Das war noch keine zehn Jahre her.

Und jetzt saß er da und überlegte die ganze Zeit, wie er mit lächerlichen zwei Handys zurechtkommen würde.

Und die Knarre drückte in seiner Hosentasche! Kruminale! Eva hatte doch recht gehabt: Solche Abenteuer waren nichts mehr für ihn. Und dann noch im Auto warten und sich den Arsch abfrieren lassen! Kruminale!

„Co, Maxe?“, fragte der hundeflüsternde Tscheche, der neben ihm saß. „Du o.k.?“

Anscheinend war sein innerer Stoßseufzer zu hören gewesen.

Kurz danach klingelte das Handy vom Max und Pepi meldete sich:

„Sind gleich da und gähän rein ins Schloss.“

„Die Direktübertragung beginnt“, vernahm Max Irmis Stimme. „Verstehst du uns gut?“

„Bestens.“

Auch die Pepibande war mittlerweile in Schlossnähe angelangt.

Fast unmerklich war die Dämmerung der Nacht gewichen. Etwa einen halben Kilometer vom Schloss entfernt hatte ihr Fahrer das Licht ausgeschaltet. Langsam rollte ihr Wagen auf das Schloss zu, in dem Irmi und Pepi gerade empfangen wurden.

Max hörte aus seinem Handy deutlich die Stimme des kahlen Schlossherren.

Der Chauffeur der Pepibande parkte ihren großen Pickup unweit der von Efeu überwachsenen Schlossmauer an einer Stelle, wo dieser von Büschen verdeckt war und vom Eingang des Schlosses her nicht gesehen werden konnte. So aber konnte Max selber auch nichts vom Schloss sehen. Er nahm sich vor, den Wagen in einer Viertelstunde, wenn es ganz finster war und die drei Einbrecher zur Arbeit gegangen waren, ohne Licht ein paar Meter nach vorne rollen zu lassen. Die Nacht versprach so dunkel zu werden, dass der braune Pickup der Pepibande bestimmt nicht zu sehen sein würde.

Im Auto war es nach kurzer Zeit zwar sicher auch nicht viel wärmer als draußen, aber der Wind, der unangenehme

Ostwind, den die Waidler als Böhmwind bezeichneten, würde ihm drinnen nichts anhaben können.

Jetzt stellte auch der Einbrecherboss eine Handyverbindung zu Max her und dieser konnte die flüsternden Stimmen der sich entfernenden Pepibande im Original und auf seinem Handy hören, bis die Originalstimmen sich ins Nichts hin verloren und die Handystimmen in ein Flüstern übergingen und schließlich, in direkter Schlossnähe, ebenfalls erstarben.

Max ließ den Wagen nach vorne rollen, bis er am Ende der Schlossmauer das Licht über dem Schlosstor wahrnehmen konnte. Er legte seine zwei Handys vor sich auf die Brillenablage des Autos und wickelte sich in eine Decke, die er mitgebracht hatte.

Jetzt hieß es warten.

Und frieren.

Und zuhören:

Irmi und Pepi waren inzwischen wohl im Speisesaal angelangt, die Begrüßungsfloskeln waren ausgetauscht und die Arbeitsessenszeremonie von vor zwei Wochen begann sich zu wiederholen. Was Irmi und Pepi sagten, verstand Max ausgezeichnet, die Stimmen ihrer Gastgeber kamen eher aus dem Hintergrund. Aber die sprachen eh Tschechisch.

„Linsensuppe“, übersetzte Pepi Holub für seine Irmi.

Max lief das Wasser im Munde zusammen. Die Linsensuppe kam bei ihm gleich hinter der Kuttelflecksuppe!

Das war schon fast kein Zufall mehr, dass die Glasdiebe ausgerechnet seine beiden Lieblingssuppen anboten! Kruminale!

Jetzt hätte Max Esterl doch Einiges dafür gegeben, in der Wärme des Speisesaals zu sitzen und die wohltuend heiße Linsensuppe zu löffeln.

So aber hörte er nur das Klappern der Teller. Und bald würde er das seiner eigenen Zähne hören:

Obwohl er dick eingepackt war, begann die Kälte an ihm hochzukriechen. Max zog die Decke noch dichter an sein Kinn und beugte sich zu den Handys auf der Ablage vor.

Jetzt wurde es nämlich spannend:

Sein eigenes Handy übertrug gerade den Beginn der Vorverhandlungen aus dem Speisesaal, während man den heftigen Geräuschen, die aus Evas Handy drangen, entnehmen konnte, dass der Hundeflüsterer in diesem Moment seine große Prüfung zu bestehen hatte:

Das Knurren, das aus Evas Handy drang, war furchterregend, und es steigerte sich zu einem keifenden, wütenden Gebell. Max schwante das Schlimmste: Jetzt würde der Hund die Drei von der Pepibande erreicht haben und er würde sie zerreißen, zerfetzen in tausend Stücke und was sollte er, der Max nun tun? Sollte er eingreifen? Die Pepibande ihrem Schicksal überlassen? Kruminale!

Max spürte den Lauf der Pistole in seiner Hosentasche und wollte schon die Autotür aufreißen um zum Schloss zu laufen, als aus dem Evahandy plötzlich ganz andere Laute klangen.

Das geifernde Bellen war in ein Knurren übergegangen, das Knurren wich einem Jaulen, das sich schnell in ein freudiges Winseln verwandelte. Ein Winseln, das immer leiser wurde und schließlich erstarb.

Kruminale!

Der Hundeflüsterer musste ein Genie sein!

Der Weg war frei!

Mittlerweile wurde auf dem Maxhandy das Servieren des Hauptgangs übertragen. Das kurze Bellen, das auch von dort zu hören gewesen war, hatte die Schlossbesitzer offenbar nicht weiter gestört: Es hatte ja sehr bald aufgehört.

„Svíčková" wurde angekündigt, ein Rinderbraten mit feiner Soße, Preiselbeeren und einem Schlag Rahm: Max lief erneut das Wasser im Mund zusammen. Schon wieder ein Volltreffer! Kruminale!

Die Unterhaltung war immer noch belanglos. Die endgültigen Verhandlungen würden sich zwischen Hauptgang und Nachspeise abspielen. Dann waren die Gäste abgefüttert und zufrieden und würden den Höchstpreis zahlen.

Meinten die Schlossbesitzer…

Max konnte die Essgeräusche nicht mehr ertragen. Er holte aus der Tasche seines Anoraks ein Leberkäszöpfl hervor, das er sich heute Nachmittag eingepackt hatte.

Max kannte sich und er hatte vorher schon gewusst, dass ihn die Übertragung des Schlossmenüs fertigmachen würde, wenn er nicht das entsprechende Gegengift bei sich trug. Sicherheitshalber bewahrte Max sogar noch eine zweite Portion davon in seiner anderen Tasche auf.

Max hielt inne, denn das Rascheln des Butterbrotpapiers übertönte die Geräusche aus dem Evahandy:

Rhythmisch klingende Töne wie von einer Säge, danach ein Brechen und Knacksen: Jetzt hatten die Einbrecher die Holzverschalung des Kellerfensters entfernt.

Ein Ächzen, ein tiefes Schnaufen, ein Schürfgeräusch und danach, im kurzen Abstand zwei Stampfgeräusche, die Max so interpretierte: Die Pepibande hatte sich getrennt, der Flüsterer war mit dem Hund zurückgeblieben und die beiden anderen hatten das Kellerfenster geknackt und waren fast lautlos runtergesprungen. Nur ihren Aufsprung hatte Max jeweils gehört.

Max pfiff respektvoll durch die Zähne: Gummisohlen! Kruminale, das waren wirklich Profis. Seine Zuversicht stieg wieder.

Während Max aus dem Evahandy die Atemstöße und die gedämpften Tritte der durch den Kellergang zum Glasschatz eilenden Pepibande hörte, kamen aus dem Maxhandy Lobeshymnen über das auf der Zunge zergehende Rindfleisch der Svíčková und die überaus gut gewürzte und dezent mit Zitronenschale abgestimmte sämige Soße und die wunderbar saugfähigen Böhmischen Knödel.

Kruminale, das war typisch Pepi Holub! Nicht einmal in so einer Situation konnte er es lassen, seinen Freund zu ärgern. Er wusste genau, dass er, Max, sich hier seinen Hintern abfror und dass ihm gleichzeitig das Wasser im Mund zusammenlief.

Zitternd packte Max sein zweites Zöpfl aus.

Während er den Worten der Verhandelnden lauschte, kamen aus dem anderen Handy Laute der Überraschung:

„Tady, tady“, hörte der Ex-Kommissar die Flüsterstimme des Ex-Häftlings und dann einen zweistimmigen gedämpften Jubel: „Sklo, sklo!“

Max schnaufte auf.

Die Pepibande hatte also den Schatz gefunden. Jetzt hieß es für sie, die drei Truhen so schnell und so geräuschlos wie möglich durch den Keller zu transportieren, sie nach oben zu hieven und dem Hundeflüsterer nach draußen zu übergeben.

Max hörte ihr Ächzen, ihr Keuchen, als sie ihre Last durch den Kellergang schleppten. Die Truhen waren schwer. Der schwierigste Teil aber kam noch: Das Emporhieven der Kisten hoch zum Ausstiegsfenster und das anschließende Durchstecken dieser Holztruhen durch das Fenster, das wohl kaum größer war als die Truhen. Wenn sich etwas sperrte, war es aus.

Die Verhandlungen auf dem Maxhandy verliefen wie geplant: Irmi spielte die Zickige und ließ sämtliche Angebote an sich abprallen. Pepi tat so, als wolle er vermitteln, aber sie verschloss sich immer mehr.

Jetzt konnte Max hören, dass das Dessert aufgefahren wurde. Die Verhandlungen kamen zum Stillstand, während eine Sachertorte verzehrt wurde. Aus den Lobeshymnen in der Direktübertragung schloss Max Esterl, dass das Dessert ebenso gelungen war wie die anderen zwei Gänge.

Das war wichtig, denn jetzt, genau jetzt, sollte die Aufmerksamkeit im Speisesaal ganz ungeteilt der Torte gelten!

Auf dem Evahandy hörte Max, wie die zwei Einbrecher im Keller die Truhen nach oben stemmten und durch das Kellerfenster schoben. Einer der beiden hatte sich offenbar den Finger oder die Hand eingeklemmt, denn ein unterdrückter Schmerzensschrei und ein Fluch waren zu hören.

Max hielt den Atem an und lauschte in das Maxhandy hinein: Hatte man im Speisesaal etwas hören können?

Max schnaufte durch. Die Unterhaltung im Saal lief ungestört weiter.

Die zwei Einbrecher hatten die Truhen durch die Fensteröffnung ins Freie geschoben und mussten sich nun selber durch das Kellerfenster nach draußen zwängen.

Eine ganze Weile hielt das Keuchen und Ächzen an, das die Turnübungen der beiden Einbrecher begleitete.

Endlich erklang ein befreites Stöhnen aus dem Empfänger: Geschafft!

Aber in dem Moment begann der Wachhund, wieder anzuschlagen.

Nur jetzt nicht! Erneut hielt Max den Atem an, bis er hörte, wie der Hundeflüsterer den Zerberus mit raunenden Worten beschwichtigte.

Dann hörte Max Esterl ein geflüstertes „pozor!", und er wusste, dass die Pepibande sich daran machte, mit den schweren Truhen den Schlosshof zu überqueren. Das war der wohl gefährlichste Teil ihres Unternehmens. Der Hof konnte vom Speisesaal aus eingesehen werden und er war beleuchtet. Das Licht über dem Tor war zwar nicht besonders hell, aber es genügte, um Bewegungen auf dem Hof wahrzunehmen. Drei Männer, die mit drei Truhen über den Hof hasteten, würden natürlich sofort auffallen.

„Jeden, dva, tři…", hörte Max zischend durchs Handy. Die Männer wollten gleichzeitig loslaufen.

Der Ex-Kommissar biss sich vor Anspannung auf die Unterlippe. Wenn jetzt jemand aus dem Speisezimmerfenster schaute, war es um die Drei geschehen.

Max öffnete die Autotür, stieg aus und stand gebückt da. Seinen Blick hatte er auf das Schlossgebäude gerichtet, an seinen Ohren klebte jeweils ein Handy: Die Übertragung aus dem Speisesaal hatte der Ex-Kommissar auf sein linkes Ohr geleitet, auf dem er halb taub war. Das musste im Moment reichen. Die da oben im Speisezimmer waren gerade beim Kaffee. Was sollte da groß passieren?

Viel wichtiger war die Übertragung der Pepibande, für die Max sein gutes, das rechte Ohr reserviert hatte.

Wenn alles nach Plan lief, mussten die Drei in wenigen Sekunden an der Schlossmauer auftauchen, die ihnen danach wieder Blickschutz liefern würde.

Aus dem Handy drang das Keuchen des Bandenbosses. Weit konnte er nicht mehr von der Mauer entfernt sein!

Da - eine flüsternde Stimme aus dem Hintergrund, die stark nach Panik klang.

„Co?", hörte Max und ein „Pssst!" und dann ein leises Klirren.

Der Pepibandenboss hatte offenbar seine Truhe abgestellt.

Wollte er helfen, weil einem seiner Helfer die Last zu schwer geworden war oder war etwas anderes dazwischengekommen?

Max überlegte kurz, ob er nicht nach vorne zur Schlossmauer laufen sollte, um zu helfen.

Das Evahandy hielt ihn davon ab.

Selbst mit seinem halbtauben linken Ohr hörte Max, dass sich im Speisesaal ein Streit entwickelte.

Was diesen heftigen Wortwechsel ausgelöst hatte, das hatte der Ex-Kommissar nicht mitbekommen, dazu hatte ihn das Hörspiel, das die Pepibande lieferte, zu sehr gefesselt.

Max wechselte die Handys: Die Übertragung des Streits kam an sein gutes rechtes Ohr, das Maxhandy mit der Pepibande wurde am linken geparkt: In wenigen Sekunden, so hoffte Max, würden die Einbrecher sowieso in sein Sichtfeld geraten.

Wo sie nur blieben?

Der Streit im Saal wurde immer heftiger. Pepi und die Schlossbesitzer schrien sich an, Max verstand nichts, weil Pepi seit einiger Zeit nichts mehr übersetzte.

An der Stimme seines Freundes aber erkannte Max, dass er die Schlossbesitzer provozierte, ohne selber wirklich in Rage zu geraten. Das konnte der Polizeioberst a.D. ganz gut, das hatte Max Esterl schon einige Male erlebt.

Hoffentlich überspannte er den Bogen nicht! Kruminale! Jetzt, wo die Pepibande schon in Sichtweite war.

Max ließ sein Handy in die Anoraktasche gleiten:

Drei Männer und ein Hund kamen um die Ecke der Schlossmauer und liefen, die Männer gebückt unter den Lasten der Truhen, der Hund mit freudig wedelndem Schwanz, auf Max Esterl und den Pickup zu.

Wortlos luden sie die Truhen auf dessen Ladefläche und ballten ihre behandschuhten Fäuste zum Zeichen ihres Triumphes. Danach zurrten sie in Windeseile ihre Beute mit Spanngurten fest. Der Anführer der Bande sah Max fragend an und deutete auf das Schloss hin.

Wortlos hielt Max das Evahandy an dessen Ohr.

„Jeschuschmaria“, lautete der Kommentar des Bandenbosses, der sofort den Befehl zum Aufbruch gab. Die beiden Einbrecher und Max Esterl stiegen ein, der Hundeflüsterer verabschiedete sich von seinem neuen vierbeinigen Freund und stieg als Letzter in den Pickup.

Jetzt sendete Max das vereinbarte Zeichen an Pepi Holub: Abbruch der Verhandlungen! Schneller Rückzug und Abfahrt, bevor die Schlossgangster bemerkten, dass sie geleimt worden waren.

So war es ausgemacht.

Aber Max merkte, dass irgendetwas schief gelaufen war. Der Ton der Schlossbesitzer hatte sich geändert, war plötzlich bedrohlich geworden.

Max Esterl hörte mit Schrecken, wie Pepi seiner Irmi auf Deutsch befahl, zu gehen und wie der Mann mit einer immer bedrohlicher klingenden Fluchkaskade reagierte.

Max Esterl befürchtete das Schlimmste.

Ein lautes Knallen ließ Max zusammenzucken. Fast wäre ihm das Handy aus der Hand gefallen vor Schreck, aber es war kein Schuss, wie Max zuerst befürchtet hatte.

Es war das Knallen der Saaltür, die Pepi offenbar hinter sich zugeschlagen hatte.

„Rychle!", hörte Max seinen Freund zischen. „Schnäll, Irmi!"

Max konnte das klappernde Stakkato von Irmis Absätzen auf der Treppe vom Speisesaal hinunter zum Tor hören, er vernahm die Rufe des Schlossbesitzers, der seine zwei Gäste zum Stehenbleiben aufforderte: „STOP! STOP!"

Max forderte seine Einbrecherfreunde auf, noch eine Weile zu warten und stieg aus dem Wagen. Der Hundeflüsterer lockte den Wachhund zu sich in den Pickup, damit Max Esterl sich draußen ungestört bewegen konnte.

Während Max, die Pistole in der einen und das Handy in der anderen Hand in Richtung Schloss eilte, hörte er das Knarren des großen Außentors, das in den Innenhof führte und das erneute, rasend schnelle Klappern der Irmischuhe.

Und dann hörte der Ex-Kommissar Schüsse. Gleichzeitig war er auch schon an der Schlossmauerecke angelangt, hatte sein Handy weggesteckt und danach sah und hörte er, hinter der Deckung durch die Mauer hervor, ab jetzt live, was sich da abspielte:

Pepi hatte sich mit Irmi hinter den Wagen der Schlossbesitzer, einen schwarzen BMW geflüchtet, der neben seinem eigenen Auto stand und ihnen Deckung bot. Der Schlossherr lehnte sich, mit seiner Waffe fuchtelnd, weit aus dem Fenster und schrie etwas für Max Unverständliches zu den beiden Geflüchteten hinunter.

Max schnallte sofort, dass hier eine Pattsituation herrschte:

Irmi und Pepi konnten nicht hinter dem Auto hervor, ohne dass sie beschossen wurden und der Schlossbesitzer konnte nicht schießen, ohne seinen eigenen BMW zu einem Sieb zu machen, und er konnte auch seinen Platz am Fenster nicht verlassen.

Bis er die Treppe hinunter und über den Schlosshof rannte, würden seine Verhandlungspartner über alle Berge sein.

Max Esterl vermutete allerdings, dass der Schlossgangster seine Partnerin losschicken würde, um ihre Gegner in die Zange zu nehmen.

Kruminale! Jetzt war schnelles Handeln nötig! Hoffentlich war Pepi so gescheit und geistesgegenwärtig, dass er auch die richtigen Konsequenzen zog. Er musste mit Irmi in genau dem Moment zu seinem eigenen Auto hin fliehen, in dem Max den Schlossherren unter Feuer nahm. Der würde für ein paar Sekunden überrascht hinter dem Fenster in Deckung gehen und dieses winzige Zeitfenster mussten seine beiden Freunde entschlossen nutzen!

Mit zitternden Fingern nestelte Max sein Handy aus der Anoraktasche. Wenn er Glück hatte, funktionierte die Verbindung zu Pepi noch.

„Hörst du mich, Pepi? Pepi? Pepi?"

Keine Verbindung mehr!

Dann musste es auch so gehen!

Max steckte das Handy weg, nahm seine Pistole in beide Hände, entsicherte, kam halb aus der Deckung, hob die Pistole und eröffnete ohne zu zögern das Feuer in Richtung Fenster. Glas splitterte, der Verputz spritzte, Max schoss und schoss, was seine Waffe hergab, und er erreichte sein Ziel:

Der Schlossherr war völlig überrascht worden von dem plötzlichen und wuchtigen Angriff. Er hatte sich, zumindest für kurze Zeit, zurückziehen müssen hinter das Fenster.

Mit einem schnellen Seitenblick konnte Max erkennen, dass Pepi die Situation erfasst hatte:

Er war mit Irmi im Schlepptau geduckt zu seinem Auto gelaufen, war hineingesprungen, hatte es angelassen und

Vollgas gegeben, dass die Steine auf dem geschotterten Schlosshof nur so spritzten.

Jetzt hatte der Schlossherr geschnallt, was auf dem Hof los war.

Max sah die Mündungsfeuer aus dem Fenster blitzen und er hörte die metallisch klingenden Einschläge in Pepis Wagen.

Hoffentlich passierte den beiden Insassen nichts, schoss es Max durch den Kopf, während er erneut feuerte, was das Magazin hergab.

Jetzt passierte Pepis Auto den Standort vom Max und raste auf die Straße, die vom Schloss wegführte. Es war Zeit für ihn, sich zurückzuziehen.

Max gab noch einige Schüsse ab und rannte dann, geschützt durch die Schlossmauer, zum mit laufendem Motor wartenden Pickup der Pepibande.

Die Hand des Hundeflüsterers streckte sich ihm durch die geöffnete Hintertür entgegen und zog ihn ins halbwegs sichere Wageninnere, während der Fahrer den trägen Pickup beschleunigte.

Als sie einigermaßen außer Sicht waren, stoppte der Fahrer, der Hundeflüsterer öffnete die Wagentür und entließ den Wachhund in die Freiheit.

Max Esterl verstand das Verhalten der Pepibande nicht,

„Rychle, rychle! Schnell, schnell!"

Max versuchte, den Fahrer zu einer flotteren Fahrweise anzutreiben. Mit dem schweren Pickup würden sie kaum eine Chance gegen den BMW der Schlossbesitzer haben.

Die drei von der Pepibande begannen ein breites und gemütlich klingendes, entspanntes Gelächter.

„Pomalu!", wendete sich der Hundeflüsterer an seinen deutschen Mitfahrer. „Langsam! Keine Eile!"

Er kicherte vergnügt, zeigte sein Messer und schnaufte laut und zischend aus:

„Pffft! Hab ichs gästochän Pneumatika von BäÄmWä. Wie sagt auf Deitsch: Autoreifän!“

Max war begeistert.

„Kruminale! Pne u matika!“

Wieder ein tschechisches Wort gelernt!

„Pne u matika, Pne u matika“, repetierte der Ex-Kommissar mehrere Male, während er dem Hundeflüsterer immer wieder begeistert im pne u matischen Rhythmus auf den Rücken schlug.

Der Mann hier hatte die Zeit des Wartens im Schlosshof sinnvoll genutzt. Erneut Respekt vor der Pepibande!

Jeder von ihnen dachte mit.

Jetzt, da die Gefahr gebannt war, zog Max sein Handy aus der Tasche und rief Pepi Holub an.

Der war, als er das von den zerstochenen Reifen hörte, sofort ganz entspannt.

„Träffän usn in Rotäs Herz. Železná Ruda. Und: Dankä, Maxe, fir Eingreifen!“

„Und Irmi?“

„Gäht gut.“

Erleichtert wählte Max die Nummer des Esterlschen Festnetzanschlusses. Eva sollte sich keine Sorgen mehr machen müssen.

26. Kap.: 3 Löcher, 3 Truhen, 3 Gläser

Als die Pepibande mit ihrem neuen Freund Max am zu dieser Stunde schon vollkommen leeren Parkplatz des Bordellbetriebs „Rotes Herz“ in Železná Ruda eintraf, inspizierte Pepi Holub gerade sein Auto und zählte die Einschusslöcher. Seine Taschenlampe, mit der er nach den Löchern gesucht hatte, leuchtete Max Esterl direkt ins Gesicht.

„Drei Lechr in meins Auto, Maxe, drei Lechr! Wer zahlt, Maxe? Birgrmeistr Frauenau?

Und wer macht Reparierän? Wenn gäh ich zu mein Werkstatt mit Schusslechrn, dann fragt mich Mechanikr: No, pan Holub, hob ichs gädacht, sie sinds in Pension. Warum dann Lechr von Schießerei? Machän sie Schwarzarbeit?“

Die Stimmung vom Pepi hob sich aber schnell, als die drei Einbrecher ihre drei Beutetruhen in das Rote Herz transportierten und sie neben den Tisch platzierten, an dem sie vor mehreren Stunden schon einmal zusammengesessen hatten.

Max Esterl, der ja seine Eva schon während der Rückfahrt vom Schloss nach Eisenstein angerufen und sie beruhigt hatte, wollte noch mit seinen neuen Freunden auf die erfolgreiche Glasbeschaffung anstoßen, und alle sechs Beteiligten mussten sich natürlich gegenseitig erzählen, welches Abenteuer sie gerade bestanden hatten.

Max Esterl interessierte vor allem der Grund für den Stimmungswechsel der Schlossbesitzer.

„Warum habt ihr so schnell abhauen müssen und warum hat man auf euch geschossen?“

Das konnte Pepi leicht erklären:

Der Koch hatte, nachdem er die Sachertorten und den Kaffee serviert hatte, offenbar eine Zigarette rauchen wollen. Dazu hatte er das Küchenfenster geöffnet, das, anders als die Fenster des Speisesaals, nicht auf den Innenhof hinausschaute, sondern auf der Gebäuderückseite lag. So hatte er zwar die Geräusche gehört, die die Pepibande beim Abtransport der Truhen machte, aber nichts gesehen. Trotzdem hatte er die Schlossbesitzer alarmiert, die gerade mit Pepi in den Streit geraten waren, den Max so überdeutlich am Handy mitverfolgt hatte.

Pepi hatte erkannt, dass es allerhöchste Zeit zum Rückzug war. Er hatte Irmi gepackt und aus dem Raum gezerrt, hatte die Saaltür hinter sich zugeschmettert und war mit Irmi im Schlepptau die Treppe hinuntergerannt.

Den Rest der Geschichte, die Schießerei und die gelungene Flucht hatte Max selber erlebt.

Die Stimmung war natürlich ganz anders als bei ihrer letzten Sitzung hier im „Roten Herz“. Sie scherzten und lachten und prosteten sich zu.

Nach dem ersten Glas vom Hausschampus wollte Max passen. Er musste ja noch nach Hause über die Grenze. Auch wenn es nur ein paar Kilometer auf tschechischem Gebiet waren: Hier galt die Null-Promille-Grenze, da konnte Max sich nichts erlauben. Wenn den tschechischen Polizisten dann auch noch die drei Truhen in seinem Kombi aufgefallen wären, dann wäre die Katastrophe komplett gewesen.

Pepi aber benzte so lange in den Max hinein, bis er doch noch zwei, drei Gläser trank.

Währenddessen papierlte die neugierige Irmi einige der Glasobjekte aus, die gut in Packpapier gewickelt in den Truhen lagerten.

Alle waren begeistert von dem, was die Böhmerwaldglasmacher da vor mehr als hundert Jahren kunstvoll gestaltet hatten.

Ein Stück davon, eine Vase mit Pfauenaugen, hatte es der Irmi besonders angetan. Immer wieder nahm sie die Vase in die Hände, hielt sie gegen das Licht und bewunderte sie.

Eigentlich hatte man ja ausgemacht, dass die Abrechnung erst später, in Absprache mit dem Frauenauer Bürgermeister, erfolgen sollte. Aber Max konnte sich nicht zurückhalten.

Euphorisiert durch ihren großartigen Erfolg und beschwingt durch den Bohemia-Sekt, überließ er seinen Freunden das wertvolle Stück als Lohn für ihren Einsatz.

Irmi stieß einen Schrei des Entzückens aus, fiel ihrem Freund Max um den Hals und busselte ihn ab.

Pepis Reaktion fiel wesentlich dezenter aus.

Wenn man bedachte, dass die beiden am Schluss noch in äußerste Lebensgefahr geraten waren, dann war die Vase nicht mehr als ein kleiner Risikozuschlag für einen Freundesdienst.

Bei Pepi allerdings, das wusste Max, und das sah er auch an seinen immer noch glänzenden Augen und an seiner selbst für ihn ungewöhnlichen Aufgekratztheit, war die Motivation für das heutige Abenteuer eine ganz andere gewesen:

Klar wollte er seinem Freund Max helfen, aber er wollte auch dem Staat, der ihm übel mitgespielt hatte, eins auswischen und er wollte vor allem die Spannung erleben, das Risiko auskosten. Es würde dem Pepi nicht leicht fallen, die Ruhe in der Pension zu genießen.

Für ihn aber hatte sich der heutige Abend auf alle Fälle voll ausbezahlt! Die Pepibande dagegen hatte mit dem Glas nicht so viel am Hut. Für sie sollte es Bargeld geben. Max jedoch merkte es ihnen an, dass sie sehr stolz waren auf sich. Immer, wenn Pan Plukovnik, der Herr Oberst Holub, sie lobte, stießen sie aufs Neue an und stürzten den Inhalt ihrer Gläser in ihre durstigen Kehlen.

Max Esterl merkte auf einmal den Alkohol. Jetzt wurde es wirklich Zeit, dass er heimfuhr! Er hatte kaum was gegessen und er wusste, dass Eva schon mit Spannung auf ihn warten würde.

Der Abschied von der Pepibande gestaltete sich direkt rührselig. Der Hundeflüsterer erwies sich auch als Hundehändler und bot Max an, für ihn jede gewünschte Rasse zu besorgen, die anderen zwei wollten ihn gar in ihr Team aufnehmen. Von „internationaler Kriminalität", schwärmten sie, bis Max dem mit einem „Ahoj" ein Ende machte.

Die Pepibande half noch, die Truhen unter einer Decke in Esterls Kombi zu verstauen. Dann fuhr Max los.

Drei oder vier Gläschen Sekt hatte er getrunken. In Deutschland würde er noch als fahrtüchtig gelten. Hier herüben nicht. Max Esterl fuhr so vorsichtig wie möglich.

Als er den menschenleeren Grenzübergang passierte, stieß er einen Juhschrei aus. Das Glas aus der Klostermühle war auf dem Weg zu dem Ort, an den es hingehörte.

Die zwanzig Kilometer von Eisenstein nach Frauenau legte Max Esterl völlig entspannt zurück. Immer wieder lächelte er und warf einen Blick nach hinten in den Laderaum seines Kombis. Beruhigt und beschwingt vom Anblick der Truhen repetierte Max immer wieder sein neues tschechisches Lieblingswort: „Pne u matika, Pne u matika, Kruminale! Pne u matika!

Daheim angekommen, wuchtete Max mit Hilfe seiner Frau die drei Truhen sofort in ihr Schlafzimmer. Dort waren sie am sichersten.

Erst dann umarmte er seine Eva, setzte sich noch mit ihr zusammen, um ihr einige schöne Vasen zu zeigen und ihr von dem Einbruch und seiner bescheidenen, aber wegen der zwei Handys durchaus fordernden Rolle zu erzählen.

Die Schießerei erwähnte er sicherheitshalber nicht. Eva sollte ruhig schlafen.

27. Kap.: Dicht halten!

Auch Max schlief gut.

Beim gemeinsamen Frühstück erzählte er seiner Frau noch einmal etwas ausführlicher seine gestrigen Abenteuer mit Irmi, Pepi und seiner Bande.

Den heftigen Schusswechsel spielte er auf „ein paar Schüsse, die sie dem Pepi hinterhergejagt haben" herunter. Wie ein kleines Kind aber freute sich Max Esterl darüber, dass er seiner Eva das neue tschechische Wort vorstellen durfte, das er gestern so ganz nebenbei gelernt hatte und vor allem darüber, dass er das Wort heute noch wusste: „Pne u matika, Eva, zerstochene Pne u matika! Die haben uns gerettet, heute Nacht. Pne u matika! Kruminale!"

Eva Esterl schüttelte den Kopf über so viel kindliche Begeisterung.

Manchmal benahm sich ihr Mann wie ein kleiner Bub. Gerade das aber mochte sie irgendwie an ihm. Er hatte sich durch seine berufliche Laufbahn nicht verbiegen lassen. Und bei seinem Freund Pepi, so hatte sie das Gefühl, war dies genauso.

„Vergiss nicht, die Spülmaschine auszuräumen, Max. Ich bin bis Zwölf von der Schule daheim und bring zwei Döner zum Essen für uns mit. Tschüüüß, Max."

Das Abschiedswort „Tschüß", das vor Jahren so rasant auch in Bayern Einzug gehalten hatte, brachte Max Esterl nicht über seine Lippen.

„Pfiade" (von Gott behüte dich) war so schön, ein „Servus" klang auch gut, „Hawedere" (HabedieEhre) war ebenfalls ein altüberlieferter Gruß, selbst Ahoj oder Ciao kamen für Max noch eher in Frage als das sich wie ein ausgelutschter Kaugummi in die Länge ziehende „Tschüüüüß".

„Ja, du mich auch", rief Max seiner Frau hinterher.

„Döner ist gestrichen!", war Evas Reaktion. „Kannst dir ein Butterbrot schmieren heut Mittag."

Der Alltag war wieder eingekehrt im Haus der Esterln.

Max machte sich noch eine Tasse Kaffee. Heute hatte er Zeit.

Der Bürgermeister würde die gute Nachricht noch früh genug erfahren.

Um Punkt neun Uhr rief Max Esterl im Rathaus an.

„Gibt's was Neues, Max?"

„Das Glas ist wieder da."

Max konnte buchstäblich die Steine hören, die dem Franz Bredl von der Seele bumperten.

„Wo sind die Truhen?"

„Bei mir daheim."

„Bewege dich nicht weg, Max, bleib daheim und pass auf die Truhen auf, bis ich sie holen lasse! Eine Stunde wird es schon dauern, bis wir bei dir sind. Ich organisiere das sofort! Ein Bauhofmitarbeiter kommt zu dir und holt sie. Und ich begleite ihn. Sicherheitshalber! Und dann geht es gleich hinunter damit ins Glasmuseum. Sicherheitshalber. Dort wird alles fotografiert und archiviert! Sicherheitshalber. Und die Dame von der Versicherung ist auch schon informiert."

„Sicherheitshalber", konnte sich Max nicht verkneifen. Der Bürgermeister ließ sich nicht drausbringen:

„Und dann muss ich mir noch eine Geschichte ausdenken für die Presse. Max, hast du eine Idee, wie wir diese Aktion erklären können, ohne dass wir selbst ins Gefängnis kommen? Erst jetzt wird mir so langsam klar, was wir da gemacht haben. Äh, was ihr da gemacht habt. Wenn das aufkommt, ist es aus mit mir!“

Max musste lachen.

„Ach, Franz, mach dir darüber keine Gedanken. Da fällt uns schon was ein. Am wichtigsten ist, dass wir zwei uns absprechen und dicht halten. Für den Pepi kann ich garantieren, unsere tschechischen „Mitarbeiter“ schmieren wir tüchtig ab. Das sind Profis, die halten auch dicht, Franz. Schon in ihrem eigenen Interesse.

Apropos abschmieren:

Ich werde das Glas, das der Pepi, unsere Helferin Irmi und ich uns als Belohnung ausgesucht haben, schon einmal zur Seite legen. Du schaust es dir an und gibst deinen Bürgermeistersegen dazu.

Bei unseren drei tschechischen Mitarbeitern sind wohl fünfhundert Euro pro Mann nicht zu viel. Zwei Einsätze mit Gefahrenzulage! Da kommt die Gemeinde noch gut weg.

Quittung gibt es aber keine. Das musst du schon auf deine Kappe nehmen.“

Der Bürgermeister stimmte allem zu, was Max am Telefon gefordert hatte, und begann, sich nochmals wortreich für seine Hilfe zu bedanken.

Max unterbrach ihn mit einem „passt scho, Franz!“ und legte auf.

Dann öffnete er die Truhen ein letztes Mal und legte die zwei Glasobjekte, die Irmi und Pepi sich ausgesucht hatten, zur Seite.

Als seine Eva gestern einige der Lötz-Gläser bewundert hatte, hatte Max sie gut beobachtet. Bei zweien, einer Jugendstilvase mit sehr schönen Ornamenten und einer dekorativen Hofstötter-Schale mit Blumenmuster, hatten ihre Augen zu leuchten begonnen. Vor allem die Schale hatte sie immer wieder in die Hand genommen.

Max suchte im Inventarverzeichnis: Die Schale, um die es ging, war zum Glück ein Stück aus dem persönlichen Besitz des Franz Hasenkopf. Darum würde er nicht streiten müssen, wenn tatsächlich der Tschechische Staat Besitzansprüche geltend machen würde.

Max suchte weiter: Bei Irmi und Pepi war es fifty-fifty: Irmis Stück stammte vom Hasenkopfbesitz, Pepis Vase hatte der Klostermühle gehört.

Egal, man würde immer noch sagen können, dass etwas zu Bruch gegangen war. Außerdem wollten die beiden ja ihre Stücke nicht verkaufen, sondern behalten. Die würden wohl frühestens in 20, 30 Jahren bei irgendeiner Auktion auftauchen.

Max mochte sich gar nicht ausdenken, was für Preise sie dann erst erzielen würden!

28. Kap.: Die Lösung

Als Max die Haustür öffnete, stand ein strahlender Bürgermeister vor ihm. Franz hieß den Bauhofmitarbeiter mit dem Transporter draußen an der Wendeplatte warten und begleitete Max ins Schlafzimmer zu den offen dastehenden drei Truhen.

Ein abgrundtiefer Seufzer entrang sich der Bürgermeisterbrust.

„Max, ich kann mich gar nicht genug bei dir bedanken. Was du für die Gemeinde getan hast! Endlich ist die Finanzierung vom Gistl gesichert, ohne dass wir groß Schulden machen müssen!

Stell dir vor, im Gemeinderat ist bei der letzten Sitzung von einer Seite her schon der Vorschlag gekommen, wir sollten für das Wasser, das aus der Trinkwassertalsperre entnommen wird, pro Kubikmeter einen Cent verlangen. Was das bei den Wasserbeziehern für einen Aufstand gegeben hätte! Halb Niederbayern hätte protestiert. Und wir Auerer wären als die bösen Buben dagestanden.

Jetzt hat sich dieses Thema zum Glück erledigt, wir sind wieder flüssig. Auch ohne Wasser!"

„Das hat sich nicht erledigt, Franz, das ist nur aufgeschoben. Was meinst du, Franz, was in zwanzig, dreißig Jahren für ein Kampf ums Trinkwasser entbrennt. Das wird uns noch teuer kommen. Na ja, ich werde es nicht mehr erleben, du schon, du bist noch jünger!

Aber was soll´s! Hilft eh nix, Kruminale!"

In den nächsten zehn Minuten gab Max Esterl einen Kurzbericht ihrer Abenteuer im Schloss. Der Bürgermeister kriegte seinen Mund nicht zu.

„Die Wirtin vom Gistl war unsere Gastgeberin. Die Schlossherrin! Und der sich als Schlossherr ausgegeben hat, ist angeblich ihr Bruder. Ihren Mann oder Partner, den Gigl, haben wir nicht zu Gesicht bekommen. Das alles ist natürlich geheime Verschlusssache, Franz. Absolut geheim! Was wir da gemacht haben, ist sowas von illegal, das kann uns allen Kopf und Kragen kosten. Dir und mir und meinem Freund, dem Pepi sowieso. Kein Wort zu niemandem!"

Franz wechselte übergangslos das Thema:

„Und was sollen wir der Presse sagen, Max? Die werden sich nicht so leicht abspeisen lassen."

Nach einer kurzen Kunstpause gab der Bürgermeister sich selber die Antwort:

„Ich hab mir das schon überlegt und hab auch schon eine Version, die wir den Reportern vorlegen können."

„Und wie schaut die aus?"

„Wir behaupten einfach, dass es uns gelungen ist, die Diebe davon zu überzeugen, dass sie Unrecht getan haben und das Glas zurückgeben müssen."

Max Esterl musste lachen.

„Den Vorschlag hat der Pfarrgemeinderat gemacht, oder? Der klingt nach Bekehrung und Weihwasser."

„Weißt du eine bessere Lösung?"

„Ich hab` mir da auch meine Gedanken gemacht. Die ideale Lüge ist immer die, die so nahe wie möglich an der Wahrheit bleibt. Pass auf:

Keiner glaubt uns das mit der Bekehrung der Gangster.

Aber dass wir uns das Diebesgut irgendwie zurückgeholt haben, das klingt glaubhaft. Dieser Bürgermeister wagt sich auch an unkonventionelle Lösungen, wird man sagen. Der zeigt Einsatz für das Wohl seiner Gemeinde und geht sogar bis an seine Grenzen! Aber nicht über die Grenze, Franz!

Denn eines müssen wir unbedingt vermeiden, Franz! Wir dürfen niemals sagen, dass wir die Truhen aus Tschechien drüben geholt haben. Dann erhebt der Tschechische Staat noch ganz andere Ansprüche als er das jetzt schon tut. Und mein Freund, der Pepi Holub, der bekommt noch ganz andere Probleme als wir sie bekommen werden.

Also: Rückholungsaktion: Ja.

Aber kein Einbruch, keine Schießerei, nichts Gewalttätiges, sonst holt uns der Teufel. Ich hab mir da auch meine Gedanken gemacht, Franz. Wir haben die Truhen im Wald gefunden, wo die Gangster sie vergraben haben. Einer von ihnen, den sie billig abspeisen wollten, hat aus Rache gesungen und uns den Aufbewahrungsort gegen eine mittelgroße Summe gezeigt.

Der Rest war ganz easy: Nacht- und Nebelaktion, Truhen gefunden und wieder dorthin gebracht, wo sie hingehören: Zur Gemeinde Frauenau!

Noch was, bevor ich´s vergesse: Die Truhen sind nicht im Privatwald gefunden worden, sonst haben wir noch einen, der Besitzansprüche stellt. Im Nationalpark waren sie vergraben, am besten wäre es, wenn wir tatsächlich irgendwo ein Loch graben und wieder zuschütten würden. Denn das muss uns klar sein: Die Polizei wird da schon genauer nachfragen.

Eigentlich, Franz, könntest du mich da ganz heraushalten aus der Geschichte. Du hast die Information bekommen, wo die Truhen liegen, du hast sie ausgegraben und wiederbeschafft."

Der Bürgermeister war von dieser Idee nicht begeistert:

„Max. lass mich nicht allein bei der Polizei. Dir als ehemaligem Kollegen nehmen sie die Geschichte doch viel besser ab als mir, einem Politiker."

„Gut, dann war ich also dabei bei der Wiederbeschaffung. Wir zwei, Franz, wir zwei müssen uns bei den Verhören bis aufs Komma einig sein in unseren Aussagen und wir müssen uns absprechen. Aber ich denke nicht, dass die Anke Brandt so tief bohren wird. Jeder ist doch froh, dass die Truhen wieder da sind. Die Diebe sind eh schon über alle Berge und jetzt besitzen sie nicht einmal mehr ihre Beute.

Trotzdem heißt es aufpassen, Franz! Konzentration!"

„Großartig, Max, wie du dich da auskennst bei solchen Sachen! Unsereiner hat ja davon keine Ahnung. Gut, dass ich einen Experten wie dich an meiner Seite habe! Max, wenn jetzt auch diese Geschichte noch hinhaut, dann gibt es ein Fest, das verspreche ich dir. Für dich und deine tschechischen Freunde. Für die Rauhnacht, unseren berühmten Faschingsball, wird die Zeit nicht mehr reichen, die ist bereits in fünf Tagen. Aber ich hab´ da schon eine andere Idee. Kennen deine Freunde das Bayerische Starkbier?"

„Ich glaube nicht. Bier kennen und mögen sie ja alle. Sie kommen ja aus Pilsen, dem Weltepizentrum des Bieres. Aber Starkbier?"

Die Klingel an der Haustür unterbrach die Besprechung der beiden. Der Mitarbeiter war ungeduldig geworden. Zusammen mit dem Bürgermeister schleppte er die Truhen zum Transporter.

Dann ging´s ab ins Museum.

Max schaute dem Fahrzeug hinterher. Er war froh, dass er das Glas los war.

Jetzt musste nur noch eine Hürde genommen werden.

Die Polizei würde die Story vom Glasfund im Nationalpark nicht so ohne weiteres glauben. Max war klar, dass er sich dem Bürgermeister gegenüber gerade etwas zu optimistisch gezeigt hatte.

29. Kap.: Silvator

Die Polizei hatte den beiden Märchenerzählern ihre Story tatsächlich nicht so recht geglaubt. Aber weil die zwei bei ihren Aussagen blieben und weil sie ja eigentlich auch keine Straftat begangen hatten und logischerweise niemand eine Anzeige erstattet hatte, wurde das Verfahren eingestellt.

Nur Anke Brandt wollte die Geschichte bis zum Schluss nicht akzeptieren.

„Max, Max", hatte sie beim letzten Verhör gestöhnt und den Kopf geschüttelt, „glauben du ich dir keine Silbe, dazu kenn ich dich zu gut und dazu ist die Story mit den vergrabenen Druhen zu fadenscheinig. Aber wenn man als Bolizisdin etwas nicht beweisen kann, dann muss man schweigen." Anke lächelte und zwinkerte Max zu.

„Irgendwann aber, Max, wenn Gras darüber gewachsen ist, dann erzählst du mir, wie´s wirklich war."

„Versprochen, Anke, und danke."

„Wofür?"

„Dass du nicht so eine dienstgeile Polizistin bist, wie manche andere. Du hast ein Hirn und dazu auch noch ein Herz."

Die Einstellung der polizeilichen Ermittlungen im Falle des „wieder heimgekehrten Glasschatzes", wie die Lokalzeitung titelte, war in Frauenau natürlich Tagesgespräch gewesen. Kaum jemand glaubte die Version, die der Bürgermeister erzählte. Alle möglichen Spekulationen wurden angestellt, aber keine, auch nicht die wildeste, war so phantasievoll, dass sie der Wirklichkeit gleichkam.

Die Auerer einigten sich schließlich auf das Prädikat, das in Bayern gern den Politikern angehängt wurde, bei denen man sich nicht sicher war, ob sie immer den geraden, redlichen Weg der Tugend gingen: „A Hund is er scha, unser Bürgermeister".

Der Tag des Starkbieranstichs im Gistlsaal rückte immer näher. Die Zwieseler Brauerei hatte, wie jedes Jahr, in Anlehnung an den „Salvator" aus München den „Silvator" gebraut, das Starkbier aus dem Wald.

Max Esterl informierte seine tschechischen Freunde über die Einladung.

Irmi freute sich darüber: „Da kann ich endlich wieder einmal mein Dirndl anziehen. Da herüben in Tschechien brauch ich es nicht und es verstaubt im Kleiderschrank. Ich hab´ doch so ein schönes, Max, seit Jahren hab ich das nicht mehr angehabt. Mei, hoffentlich passt´s mir noch."

Pepi hatte andere Probleme: „Habs gehert, Max, dass man kann nicht trinken finf, sechs Halblitr von bayrisch Starkbier wie von unsärä gutä Urquällbier aus Plzen. Stimmt das, Maxe?"

„Das musst du selber ausprobieren, Pepi. Mir reichen drei Halbe. Nach der vierten verlierst du die Kontrolle über dich selbst und dann trinkst du noch eine fünfte. Aber spätestens danach ist Schluss! Koma! Konec!"

„Und was fir Kleidung ist auf Starkbierfest?"

„Die Irmi hat gesagt, sie kommt im Dirndl, in bayerischer Tracht. Du weißt doch noch vom drumherum (siehe „Max Esterl und das drumherum") her, wie gut Frauen im Dirndl aussehen. Eine Lederhose bei dir würde perfekt dazu passen, Pepi."

„Woher bekommä ich Lädrhosä, ha, Maxe? Hast du zwei?"

Max Esterl musste lachen. „Mir ist eine fast zu viel. So oft ziehe ich die Lederhose nicht an."

Max hatte etwas gegen die geckerlhafte Zurschaustellung von Pseudotrachten zu den Volksfesten. In seiner Kindheit war die Lederhose für die Buben von April bis November die Standardkleidung gewesen. Wenn es zu kalt wurde, trugen die Buben lange Strümpfe, die an Strapsgürteln befestigt waren.

Max erinnerte sich noch gut daran, wie nach dem Aufkommen der Strumpfhosen er und noch einige andere Strumpfträger von den fortschrittlichen Strumpfhosenbesitzern gehänselt wurden, als sie sich für den Turnunterricht umziehen mussten und ihre vorgestrigen Strapsgürtel zum Vorschein kamen.

Er hatte vor Zorn und Scham gebimmt und wohl auch einige Faustschläge ausgeteilt, ehe der vom Geschrei in der Umkleide alarmierte Turnlehrer dazwischen ging.

Am selben Tag noch musste seine Mutter mit ihm in die Stadt gehen und eine Strumpfhose kaufen.

Auch damals hatte es schon Kleidungszwänge gegeben.

„Und was ist mit deiner Chodentracht? Hast du die noch, Pepi?" Sein Gesprächspartner brummte etwas ins Telefon.

„Du kannst aber auch genauso gut in Jeans gehen, Pepi, da gibt es keine Vorschriften beim Starkbier. Gute Laune musst du mitbringen und guten Durst, das ist wichtig!"

Bis zum Starkbieranstich hatte Max Esterl es geschafft, nicht in den Gistlsaal zu gehen. Dort führte die Schlossherrin mit dem Drachentatoo das Regiment, und der wollte Max nicht unter die Augen treten.

Noch nicht! Kruminale!

Beim Starkbieranstich würde sich eine Begegnung nicht vermeiden lassen. Chodentracht, Dirndl und Lederhose: So sehr konnten sie sich nicht verkleiden, dass die Wirtin das Trio nicht sofort erkennen würde, das sie und ihre Kompagnons so gelinkt hatte.

Als Max das Problem mit der Wirtin beim Bürgermeister angesprochen hatte, war dessen Reaktion unerwartet cool:

„Die wird sich eher die Zunge abbeißen, als dass sie sich verrät. Damit würde sie ja zugeben, dass sie an dem Einbruch beteiligt wäre und sich selbst ans Messer liefern. Nein, Max! Die Frau Gigl wird leiden! Sie wird ihre Wut und Enttäuschung hinunterschlucken müssen, und das geschieht ihr ganz recht.

Damit ist das, was diese Verbrecher mir angetan haben, wenigstens ein wenig vergolten. Die hämischen Kommentare der Gistlgegner, die Vorwürfe bei der Polizei, die eigenen Gewissensbisse: Schmoren soll sie, die Matz!“

Das Lachen des Bürgermeisters klang rachedurstig.

„Ihr drei müsst höchstens aufpassen, dass euch diese Gangsterwirtin nichts in den Bierkrug gibt! Wenn ihr also Kopfweh kriegt nach der fünften Halbe oder Durchfall, dann liegt das nicht am Silvator, sondern an dem, was euch die Wirtin heimlich ins Bier geschüttet hat.“

Als Franz sah, dass es sein Gegenüber abbeutelte (Schriftsprache: sein Gegenüber sich vor Ekel schüttelte), fügte er grinsend hinzu: „Die Kellnerinnen kommen immer mit zwei Händen voller Bierkrüge an den Tisch. Nehmt nicht den Krug, den sie euch zuweisen, sondern einfach den des Nachbarn, haha. Aber vielleicht löst sich das Problem ja schon vorher. Die Wirtin hat ein gaches Temperament! Wenn die euch erkennt! Die wird euch sofort an die Gurgel wollen. Aber wenn sie das macht, Max, dann hat sie verspielt! Dann hab ich s i e an der Gurgel.“

So stand dem Besuch beim Starkbieranstich nichts im Wege.

Irmi und Pepi hatten wieder das Zimmer im Esterlschen Haus bezogen, in dem sie schon während der Rachelnippel übernachtet hatten, und die vier Freunde machten sich zu Fuß auf den Weg zum Gistlsaal. Noch hatte Max nicht gesehen, in welcher Aufmachung Irmi und Pepi auftreten würden. Beide hatten einen Mantel an. Es war kühl unterm immer noch schneebedeckten Rachel. Als sie ihre Mäntel an der Garderobe abgaben, zeigte sich, dass sowohl die Esterln als auch Pepi die Jeanslösung gewählt hatten. Eva und Max trugen dazu Trachtenjanker, Pepi Holub eine graue Strickjacke.

Irmi sah wie immer hinreißend aus. Ihr Dirndl war schlicht und es betonte ihre gute Figur auf die vorteilhafteste Weise. Pepi hatte seinen Arm um sie gelegt und war sichtlich stolz auf sie.

Der Weg von der Garderobe zum Festsaal führte an der Schank vorbei. Jetzt kam der Moment, vor dem sich Max ein wenig fürchtete.

Wie damals bei der Einweihung würde auch dicsmal die Wirtin mit dem Drachentatoo das Bier einschenken. Vielleicht war sie ja so beschäftigt, dass sie gar nicht bemerkte, wer da an ihr vorbei in den Saal trat.

Die Hoffnung vom Max schwand, als er sah, wie die Drachenbeschwanzte, während sie einen Krug nach dem anderen in automatisierten Bewegungen mit der braunen Flüssigkeit volllaufen ließ, direkt zu ihm herschaute.

Seine Hoffnung war endgültig dahin, als er sah, wie der Wirtin die Kinnlade herunterkippte, ihre Augen sich weiteten, ihre Hände ihr die Arbeit verweigerten, sodass der Strahl des braunen Bieres den Krug erst zum Überschäumen brachte und dann sinnlos in das Edelstahlbecken floss, ihr Gesicht sich zu einer Fratze verzog und sie schließlich einen Schrei ausstieß, der bis in den Saal hineintönte und allen Gästen durch Mark und Bein ging und die Blaskapelle Frauenau, die gerade den Bayerischen Defiliermarsch angestimmt hatte, beinahe zum Verstummen gebracht hätte.

Dem Schrei folgte eine Reaktion, mit der niemand, außer Max, gerechnet hatte:

Die Gangsterwirtin holte mit dem gerade eingeschenkten überschäumenden Bierkrug aus und warf ihn voller Zorn auf die vier eben eingetroffenen und sich reaktionsschnell noch einigermaßen wegduckenden Gäste. Als sie sah, dass der Krug fast wirkungslos an die Wand donnerte und nur den Pepi und die Irmi nassgespritzt und sonst keinen Schaden angerichtet hatte, schrie und wütete die Wirtin immer lauter und lauter, hüpfte wie eine Furie hinter dem Tresen umher, ließ den guten goldbraunen Silvator den Hahn hinunter ins Spülbecken laufen und schleuderte mit jedem Schrei einen weiteren der vor ihr stehenden, zum Füllen bereiten Bierkrüge nach ihren Gästen, die sich, die Köpfe mit ihren bloßen Händen schützend, in Richtung Saal hin flüchteten bis sie außer Reichweite der Wurfgeschoße waren.

Aus den Augenwinkeln sah Max Esterl, wie der tätowierte Pferdeschwanzerlwirt zu seiner Partnerin eilte, ihr in die Hand fiel und sie daran hinderte, weitere Krüge zu schmeißen.

Die Drachenschwanzwirtin kreischte ihrem Lederjackenlover etwas ins Ohr und deutete, mit drohenden Fäusten fuchtelnd, auf Irmi, Pepi und Max hin. Jetzt schien der Georg Gigl zu kapieren, wen er vor sich hatte.

Sein vorher noch besorgtes Gesicht verzog sich zu einer schrecklichen Fratze, und er hatte plötzlich einen Baseballschläger in seinen Händen.

Baseballschläger – Lederjacke – graues Pferdeschwänzchen - Tatoos: Schlagartig wurde Max Esterl klar, woher er den

Gigl kannte. Kruminale! Der Georg alias „Tschortsch" Gigl hatte zu den Scorpions, jener Motorradgang gehört, die vor Jahren schon einmal seine Wege gekreuzt hatte (siehe: „Max Esterl und das Wolfauslassen"!).

Max freute sich so über seine wiedergewonnenen Erinnerungen, dass er fast übersehen hätte, wie der Gigl mit seinem Baseballschläger über den Tresen gesprungen war und mit Schaum vor dem Mund auf sie zuraste.

Auch Pepi Holub hatte die Gefahr erkannt und war in Richtung Saal zurückgewichen.

„Irmi, lauf rein in den Saal!", konnte Max noch rufen.

Kaum zehn Meter trennten den Berserker von seinen Opfern, die Irmi vorwärts stießen und hinter ihr her in den Saal drängten. Dort waren die Gäste, vom Klirren der zersplitternden Krüge und dem Rachegeschrei der beiden Wirtsleute aufgeschreckt, von ihren Plätzen aufgesprungen und, bis auf einige ganz Neugierige, aus Angst vor der sich ankündigenden Urgewalt in die Ecken und den hinteren Teil des Saales zurückgewichen. So bekamen Pepi und Max jeweils einen unbesetzten Wirtshausstuhl zu fassen, mit dem sie sich wenigstens notdürftig gegen die Schläge des Wirts verteidigen konnten.

Dieser hatte sich Pepi Holub als erstes Ziel ausgesucht. Wie ein Wahnsinniger drosch er mit seinem Metallschläger auf den Tschechen ein, der die ersten paar Schläge noch mit dem Stuhl abwehren konnte.

Jetzt aber splitterte Holz! Der rasende Wirt hatte begonnen, mit seinem Metalltrumm den Stuhl kurz und klein zu hauen.

Lang würde das Wirtshausmöbel der Brachialgewalt der Hiebe nicht mehr standhalten!

Max, der die Irmi im Saal unter all den Leuten in relativer Sicherheit wusste, musste seinem Freund Pepi beistehen! Er lief von hinten auf den Wirt zu und ließ seinen Stuhl mit aller Wucht auf dessen Rücken krachen. Ein Stuhlbein brach ab, aber der Wirt schien den Schlag kaum zu spüren. Er schüttelte sich wie ein verwundeter Bär und wandte sich seinem neuen Gegner zu. In seinen blutunterlaufenen Augen sah Max die blanke Mordlust.

Den ersten Hieb mit dem Schläger konnte der Ex-Kommissar noch parieren: Nur sein Stuhl hatte einen Haxen eingebüßt und in seiner lädierten Schulter hatte er ein Reißen gespürt: Sehr viele solcher Hiebe würde er nicht mehr abwehren können.

Der nächste Hauer des Motorradrockers war so heftig, dass der Stuhl von Max in zwei Teile zertremmelt wurde. Max wich zurück und rettete sich zunächst hinter einen der schweren Biertische, aber sein Verfolger war ihm so dicht auf den Fersen, dass es nur noch eine Frage von Sekunden sein konnte, bis der Wirt ihn mit seiner Waffe zu Hackfleisch zermatschte.

Max versuchte, sich einen neuen Stuhl zu angeln, aber er schaffte es nicht einmal mehr, den Stuhl auf Augenhöhe zu bringen. Das tätowierte Monster holte mit seinem Todesknüppel aus, um seinem Gegner den Schädel zu zertrümmern…

…Max ließ sich gedankenschnell fallen und warf sich unter den hinter ihm stehenden Tisch. Er hatte nicht gedacht, dass er in seinem Alter noch zu so einer Blitzreaktion fähig war. Der Hieb des Tätowierten streifte ihn lediglich an der Ferse, aber der Ex-Kommissar hatte das Gefühl, dass sein Fuß gerade zu Brei geklopft worden war. Auf zwei Händen und nur einem Bein hantelte sich Max Esterl auf die andere Seite des Tisches. Das Knüppelmonster verfolgte ihn auf Knieen, aber es konnte unter dem Tisch nicht richtig ausholen.

Das war die Chance für den Bürgermeister und zwei couragierte, kräftige Helfer: Sie waren von hinten an den Tisch geeilt und zogen gleichzeitig heftig an den mit spitzen Angeberkrokodillederschuhen versehenen, noch unter dem Tisch hervorstehenden Füßen des Monsterschlägers, der gerade in einer seitlichen Ausholbewegung für den letzten, den möglicherweise tödlichen Schlag war.

Der Schlag verpuffte im Nichts unter dem Wirtshaustisch, weil der Krawallwirt nach dem ruckartigen Emporreißen seiner Füße durch seine Gegner von der Wucht seines eigenen Hiebes so zu Fall gebracht wurde, dass sein Kopf frontal auf den Wirtshausfußboden knallte. Alle im Saal, auch die in der hintersten Ecke hörten das Nasenbein des Angreifers mit einem durch und durch gehenden üblen Geräusch knirschend splittern.

Danach war es für einen kurzen Moment still im Gistlsaal. Mausstaad!

In die geradezu unnatürliche Stille mischten sich die schrecklichen Schmerzensschreie und das sich anschließende leisere Wuiseln und Himferzen des gefallenen Drachenstechers. Immerhin lebte er noch.

Jetzt begann der vor Schrecken erstarrte Saal wieder zu erwachen. Alle drängten sich nach vorne, damit ihnen ja nichts von dem sensationellen Bild entging, das sich ihnen bot. Handys wurden gezückt und die Aufnahmen aus dem Gistlsaal gingen live in die ganze Welt.

Zwei Männer waren nötig, um die Wirtin zu bändigen. Sie wehrte sich, spuckte, kratzte und biss. Und immer wieder schrie sie ihre Wut und ihre Enttäuschung mit zum Schluss nur noch krächzender Stimme in Richtung der Drei, die schuld an ihrem Unglück und dem Verlust der Beute waren.

Der Bürgermeister sorgte dafür, dass sie und der Wirt, dessen zerdetschte Nase nur noch eine blutige Masse war, aus dem Saal geschafft und der Polizei übergeben wurden, die schon bei der Wurfaktion der Wirtin verständigt worden war und in Mannschaftsstärke auftrat. Kurz nach der Polizei kam auch ein Krankenwagen, der den schwer Verletzten in die Zwieseler Arberlandklinik überführte.

Die mittlerweile auch schon eingetroffene Zwieseler Polizeichefin Anke Brandt veranlasste den Abtransport der Wirtin, die sich nicht beruhigen ließ.

„Morgen hier an dieser Stelle, halb zehn am Vormiddach“, ordnete sie mit lauter und strenger Stimme an. „Befrachung der Zeugen!“ Zu Pepi, Irmi und Max gewandt, ergänzte sie: „Auf alle Fälle ihr drei und der Bürgermeister und seine zwei Helfer.“

Kaum waren der Verletzte und die Durchgedrehte abtransportiert, da sorgte der Bürgermeister für Ruhe im Saal.

„Leute bleibt da, geht nicht heim! Einen echten Waidler kann so eine Wirtshausrauferei nicht aus der Ruhe bringen. Was wäre denn das früher in der Auerer Texasbar gewesen, da ist jeden Tag gerauft worden! Erst wird zusammengeräumt und dann wird weitergefeiert! Die Blaskapelle Frauenau und Pavel aus dem Böhmerwald werden für beste Stimmung sorgen.“

Wenige Minuten später schon übernahm ein Schänkkellner der Brauerei, den Max vom Volksfest her kannte, zu seinem Erstaunen das Einschenken und der Betrieb lief weiter, als wenn nichts gewesen wäre.

Konnte das ein Zufall sein?

Max erinnerte sich an die Worte des Bürgermeisters. „Aber dann hab´ ich sie an der Gurgel“, hatte er gesagt. Wenn das so war, dann hatte es der Franz noch dicker als faustdick hinter seinen Ohren.

Das hätte Max ihm nicht zugetraut! Der Bürgermeister hatte geahnt, dass die Anwesenheit des Trios die Wirtin und Schlossherrin und schließlich auch den Tätowierten zu so einer Reaktion provozieren würde und er hatte schon alles vorbereitet für diesen Augenblick.

Mit ihrer Bierkrugsalve und dem anschließenden versuchten Totschlag hatten sich die Wirte selber aus ihrem Vertrag mit der Gemeinde Frauenau hinausgeschossen. Wenn das kein Grund für eine fristlose Kündigung war! Der Scherbenhaufen, den die Drachenschwänzige und ihr Partner hinterlassen hatten, war riesig. Kruminale!

Dass der Wirt mit seinem Schläger die Geschichte noch so ausufern und außer Kontrolle geraten lassen hatte, damit hatte selbst der schlaue Bürgermeister nicht gerechnet.

Aber alles war noch einmal gut gegangen. Die Strafe des Georg Gigl, der mit einem zertrümmerten Nasenbein und einer Gehirnerschütterung davongekommen war, empfanden alle als verdient. Die Wirtin war nicht einmal durch ein Beruhigungsspritzerl zu dämpfen. Sie musste in die Bezirksnervenklinik nach Mainkofen gebracht werden.

Aber der Weg war frei für die neuen Pächter, die der Franz Bredl schon in Petto hatte.

Der „Nervenzusammenbruch der vom Geschäft überforderten Pächterin des Gistlsaals“ und der „brutale Ausraster ihres Geschäftspartners“ waren natürlich, neben der Süffigkeit des Biers und der auch dieses Jahr wieder kabarettreifen Vorstellung vom Fastenprediger Pavel aus dem Böhmerwald, das Hauptthema des Starkbierabends. Handys waren gezückt worden und die Aufnahmen von der „Krüglkanonade auf harmlose, unbeteiligte Festbesucher“ und der „Rockerattacke auf geladene Gäste“, wie die

Lokalredakteurin des Bayerwald Boten am nächsten Tag schrieb, waren der absolute Renner im Netz.

Das Bier schmeckte hervorragend, die Brotzeiten waren gut und reichlich, der Bürgermeister zahlte alles, was die vier Freunde aßen und tranken, die Auerer Blaskapelle spielte irgendwann nicht nur den „Böhmischen Traum", Pepis Lieblingslied, sondern auch die „Alte Linde", bei der der halbe Saal mitsang, Pepi allerdings als Einziger im tschechischen Originaltext: „Stara Lipa".

Da war Max Esterl bei der zweiten und Pepi Holub bei der dritten Halbe.

Der Starkbierabend dauerte aber noch lang und am nächsten Morgen beim Frühstück war es dem tschechischen Pepi und seinem bayerischen Freund Max so, als ob die Drachenwirtin es doch irgendwie geschafft hatte, irgendein Pulver in ihre Bierkrüge zu geben:

Ihr Kopfweh war auf alle Fälle enorm. Es überdeckte sogar die bohrenden Schmerzen in der Ferse des Max Esterl.

Konec ---Ende

Anhang

Dank

Mein Dank gilt all denen, die mir, wie immer, bei der Fertigstellung dieses Krimis geholfen haben:

Meiner Familie (vor allem Elisabeth, Magdalena und Andreas), die mich beim Korrekturlesen unterstützt haben, ganz besonders meiner Frau Conny, die meine häufig wirren Gedanken stets geduldig ertragen und mir bei langen Spaziergängen oft geholfen hat, auf die richtige Spur zu kommen.

Meinen zuverlässigen Fehlerfischern Christl und Hans Pongratz, die mir mit einem hilfreichen Tipp sogar zu einem noch spannenderen Schluss verholfen haben.

Auch dem Schopf Hans vom Ohetaler Verlag, der dem Buch die richtige Form gegeben hat, und Dr. Jiri Sourek mit seinem Team vom Euro Verlag in Pilsen, die das Buch gedruckt und für das Layout gesorgt haben, ein herzliches Dankeschön.

Diesmal möchte ich mich auch bei BGM Fritz Schreder und AltBGM Herbert Schreiner bedanken, die nicht nur nichts dagegen hatten, dass ich mich ihrer Vorbilder bei der Schilderung „meines" Bürgermeisters Franz Bredl bedienen durfte, sondern die ihrem alten Bekannten Max Esterl auch mit kleinen Tipps über die Verhältnisse in der Au dabei geholfen haben, möglichst AU–thentisch zu sein.

Der Bub Adolf vom Schachtenhaus, der später Polizist wurde und in Buchenau wohnte, hat mir einige Male von seiner Kindheit oben in den Bergen erzählt. Mein Schriftstellerfreund Eberhard Kreuzer hat seine Geschichte in seinem wunderbaren Buch „Das Buchenauer Schachtenhaus" beschrieben. Leider ist der Adolf Treml vor wenigen Jahren verstorben.

Ein anderer guter Freund, Pfarrer in München, hat mir erzählt, dass seine Mutter als junge Frau beim Gistl gearbeitet hat und für die Auswahl der Filme zuständig war. Den Johannes Heesters hat sie besonders bewundert.

Ein ganz spezieller Dank gilt einer befreundeten Bibliothekarin und Max-Esterl-Leserin aus Langenlois/NÖ. Sie hat mir voriges Jahr von ihrer Familienforschung in Verbindung mit der Lötz-Sippe erzählt, wir haben gemeinsam die Klostermühle besucht und so bin auf die Idee mit dem Lötz-Glas gekommen. Meine Forschungen dazu waren spannend und interessant: Einer der Spitzendesigner der Klostermühle, Franz Josef Hofstötter, war zugleich derjenige, dem wir die wunderbare Ausgestaltung der Kirche in Ludwigsthal verdanken. Das ist nur ein Beispiel dafür, wie sich so vieles zusammenfügt.

Ein weiteres Beispiel für Zusammenfügungen ist das Titelbild. Die Anregung dazu, die Rachelgipfel mit kleinen Brustwarzerl zu versehen, haben mir einige Bilder des bekannten Karikaturisten Josef Pospichal aus Železná Ruda geliefert, der seinen geliebten Böhmerwald oft so dargestellt hat. Der leider auch schon verstorbene Pospichal ist mir noch gut als einer der „humanen" Zöllner an der Eisensteiner Grenzstation in Erinnerung: Wenn ich gesehen habe, dass er abgefertigt hat, wusste ich, dass mich keine Schikanen erwarteten.

Mit diesen kleinen Rachelnippeln bin ich zu meinem Freund Robert Langer aus Ludwigsthal(!) gegangen, mit dem ich schon die Bänke der Zwieseler Knabenvolksschule gedrückt habe. Er hat das – ich verwende das Wort nur sehr ungern, aber hier passt es einfach – „geile" Buchcover entworfen. Als Dank dafür erwartet ihn für die nächsten fünf Schafkopfabende im Bräustüberl eine Flatrate. Danke, Robert!

Ob die deutsche oder die böhmische Variante des Kartoffelsalats die bessere ist, muss jeder selbst entscheiden. Ich habe zu diesem Thema genau während der Entstehung meines Romans eine schöne Geschichte von Jaroslav Rudiš gelesen: „Weihnachten im Paradies“(FAZ, 23.12.2022). Wenige Tage später war ich zum Eishockey in Pilsen und habe dort in der Drittelpause einen Streit zweier „Experten“ zu genau diesem Thema anhören dürfen.

Kann das alles Zufall sein?

Josef Pospichal, „Šumava Romantická“

Liebe Leser,

hier finden Sie, wie versprochen, die Übersetzung des ersten Dialogs Vater/Sohn Hasenkopf im Prolog:

„Vater, was sollen wir machen, ohne Werkzeug? Dann können wir ja auch draußen in Bayern kein Glas machen."

„Werkzeug bekommt man überall, aber das Glas, das wir mitnehmen, kriegt man nirgendwo mehr. Solches Glas, wie wir es damals gemacht haben, bekommt man nirgends mehr. So ein Glas, wie wir es in der Klostermühle gemacht haben, macht heute weltweit keiner mehr."...

„Diese Zeit ist vorbei, Bub. Wir müssen fort! Der Sch... Krieg hat alles kaputt gemacht. Niemand ist mehr da, der sich um etwas kümmert. Wir sind die Letzten. Und morgen schon werden sie kommen, und wenn sie da sind, ist es zu spät. Dann nehmen sie uns alles!

Du kannst es vielleicht noch erleben, Bub, aber ich nicht mehr. Ich komme nicht mehr hierher zu unserer Glashütte. Alle haben sie schon vertrieben. Der ganze Böhmerwald ist schon so leer, so leer wie, wie ...", dem Meister fiel kein Vergleich ein.

„Wie mein Teller, wenn es Sterz mit Kraut gegeben hat, ..."

Ab jetzt müssen Sie selber durch. Bei Notfällen können Sie mich gerne auch per E-Mail kontaktieren.

Noch einige Worte zur Sprache des Pepi Holub und der Anke Brandt:

Wenn ich den Pepi „Behmakln" lasse, dann ist das keineswegs ein Zeichen der Herablassung gegenüber einem, der das Deutsche nicht perfekt beherrscht. Immer wieder, wenn ich Menschen aus einem anderen Sprachraum begegne, freue ich mich über ihren Akzent, egal ob es Franzosen, Italiener, Engländer oder eben Tschechen sind. Genauso ergeht es mir mit den Dialekten im Deutschen Sprachraum.

Jeder hat seine Schönheit. Und dass man heute noch einen Frauenauer an seiner Sprache von einer Zwieselerin und beide wiederum deutlich von Leuten aus dem benachbarten Bodenmais unterscheiden kann, das finde ich großartig.

Ossi Heindl

Mit den Geschichten, die ich bei meinen Recherchen „so nebenbei" entdeckt habe, könnten noch ganze Bände gefüllt werden.

Ausgewählte Literatur zum Thema:

Schneck, Helmut, Isidor Gistl – Ein Glaspionier, Hrsg.: Gemeinde Frauenau 2017

Kreuzer, Eberhard, Das Buchenauer Schachtenhaus, Lichtland, Freyung 2017

Haller/Schopf, Historische Glashütten im Bayerischen Wald und im Böhmerwald, Ohetaler Verlag, Grafenau, 2018

Radio Prague International, https://deutsch.radio.cz>edles_glas_aus_dem_boehmerwald

Lötz Glas Klostermühle Wikipedia

Franz Josef Hofstötter (1871-1958) Wikipedia

Sammlungen von Lötz-Glas finden Sie in:

Passau - Glasmuseum

Bergreichenstein/Kašp. Hory - Šumava-Museum

Klattau/Klatovy - PASK-Museum

Zum Autor

Ossi Heindl, gebürtiger Zwieseler, lebt seit drei Jahren in Frauenau am Fuße des Rachel im Bayerisch-Böhmischen Grenzgebirge.

Nach vielen Berufsjahren als Lehrer und Schulleiter begann Ossi Heindl seit seinem Eintritt in den Ruhestand auf Geheiß seiner Töchter („Papa, tua endlich amoi ebbs Gscheits!") mit dem Schreiben. Ein Glück, dass ihm damals der ebenfalls gerade pensionierte Max Esterl begegnete, ein Ex-Kommissar, den Ossi Heindl seitdem durch den Bayerischen und den Böhmerwald auf seinen Touren und Abenteuern begleitet.

„Max Esterl und die Rachelnippel" ist der elfte Max-Esterl-Roman, zwei dieser Böhmerwaldkrimis sind auch ins Tschechische übersetzt.

Foto: Conny Heindl

Sollten Sie auch kennen ...

Ossi Heindl
Max Esterl
und die Mumienkammer
Max Esterls fünfter Fall
Ein Böhmerwaldkrimi

Ossi Heindl
Max Esterl
und das Wolfauslassen
Max Esterls sechster Fall
Ein Böhmerwaldkrimi

Ossi Heindl
Max Esterl
und der Waldprophet
Max Esterls siebter Fall
Ein Böhmerwaldkrimi

Ossi Heindl
Max Esterl
und das Virus
Max Esterls achter Fall
POLICIE ČR

Ossi Heindl
Max Esterl
und der schwarze Storch
Max Esterls neunter Fall
Ein Böhmerwaldkrimi
Ohetaler
Verlag

Ossi Heindl

Max Esterl und das letzte Spiel

Max Esterls zehnter Fall